黄金荣

人在租界

张艳玲 著

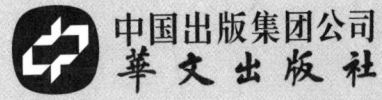

图书在版编目（CIP）数据

黄金荣 / 张艳玲著 . — 北京：华文出版社，2015.1

ISBN 978-7-5075-4295-0

Ⅰ.①黄… Ⅱ.①张… Ⅲ.①黄金荣（1867~1953）—传记 Ⅳ.① K828.9

中国版本图书馆 CIP 数据核字（2014）第 297646 号

人在租界：黄金荣

作　　者：	张艳玲
责任编辑：	杨艳丽
出版发行：	华文出版社
地　　址：	北京市西城区广外大街 305 号 8 区 2 号楼
邮政编码：	100055
网　　址：	http://www.hwcbs.com.cn
电　　话：	总编室：010-58336223　编辑部 010-58336251
	发行部：010-58336238　010-58336212
经　　销：	新华书店
印　　刷：	北京龙跃印务有限公司
开　　本：	710×1000　1/16
印　　张：	16
字　　数：	205 千字
版　　次：	2015 年 1 月第 1 版
印　　次：	2015 年 1 月北京第 1 次印刷
标准书号：	978-7-5075-4295-0
定　　价：	30.00 元

版权所有，侵权必究

序言 一切只为一个『利』字

20世纪上半叶的上海，十里洋场，灯红酒绿，创业家把那里当做梦想之地，的确，在那里曾经产生过一大批实业家、金融家，比如盛宣怀、虞洽卿、张謇、荣氏兄弟等，后人称他们为民族资本家；政治家把那里作为积聚革命力量的基地，比如孙中山、陈其美等，他们都曾在那里活动，被称为革命党；流氓无赖则把那里当做天堂，靠着打打杀杀，靠着心狠手辣，靠着阴谋诡计，也确实闯下了一片天，比如黄金荣、杜月笙、张啸林，在当时就赢得了"流氓大亨"的"美名"。旧上海以开放的胸襟迎接每一个怀揣梦想之人，也成为一个藏污纳垢之地。流氓势力在旧上海的兴风作浪，使它的故事格外地引人注意。

说到旧上海的流氓势力，首先要说的就是黄金荣，他是三大亨之首。他崛起于半殖民地半封建的怪胎法租界，靠着各种流氓手段成为上海滩响当当的黑帮大佬，做尽了坏事——欺行霸市、凌弱幼孤、贩卖鸦片、强买强卖、镇压革命，所做的坏事可以说是罄竹难书。

纵观黄金荣的一生似乎很复杂：他赞助国民党领袖如孙中山、陈其美等人的革命活动，与北洋军阀的政要紧密联系，把像蒋介石这样的国民党政要收为门徒，尽全力支持蒋介石的事业，但是对共产党的活动，他似乎也能提供力所能及的帮助，他还收罗了一大批门徒、门生作为他的爪牙……在"精英"与大众之间，他似乎总是游刃有余。

我们不禁要问，黄金荣所做的这一切，究竟是为了什么？也许，只有一个"利"字最能概括他复杂的一生。想想看，这个捕快的儿子，从小就对"利"有着无法比拟的热爱，从最初对赌博的热衷，到进入法租界当探长，再到中国第一帮主，及至开办"大世界"游乐场，他所做的无非就是为了钱，为了更多更多的钱，为了钱所带给他的满足感。就算他结交像蒋介石这样的政要，也不仅仅是为了名，可能他看重的还是那个"名"带给他的实实在在的"利"，在他看来，权力应该是为利益服务的。这一点，可能是他和另一个大亨杜月笙的不同之处。

不过，名也好，利也好，当日本帝国主义侵略中国，在大是大非，在民族尊严面前，他还是看得清楚，什么重要，什么不重要，所以，当侵略者对他威逼利诱，用伪上海市市长做诱饵的时候，他拒绝了。当侵略者残害他的同胞，无数的难民无家可归的时候，他打开了为他带来巨大财富的"大世界"的大门，让这些难民暂时有了栖身之地，由此，他放弃了不少金钱收益。

黄金荣漫长的85年的生命，和我们整个中华民族的历史联系得那么密切，而今天的我们要想给这样一个人一个准确的描述和定位又是多么不容易。历史留给后人的思考，不仅仅是简单的"是"或者"不是"，黄金荣就是这么一个人物。

目录 CONTENTS

第一章　麻将桌上的少年　　001
>> 捕快世家的独生子　　001
>> 天花留下了一脸麻子　　007
>> 12岁的赌徒　　011
>> 裱画工难有大出息　　016

第二章　大上海闯出一片天　　021
>> 混名声要有手段　　021
>> 法租界的探长　　026
>> 命中注定的女人　　033
>> 谁窃取了太后的密折　　043
>> 捉住江洋大盗　　048

第三章　中国第一帮主　　051
>> 青帮是什么　　051
>> 热热闹闹的香堂大典　　056
>> 杜月笙进入黄公馆　　061
>> 张啸林加盟　　066

第四章　扫荡上海滩　　069
>> 大烟、赌场、妓院一个也不少　　069
>> 捕快培训女强盗　　080

目录

>> 为钱财丧尽天良 —————————————— 084

第五章 政治资本是必要的 —————————— 091
>> 破获宋教仁被刺案 —————————————— 091
>> 是谁刺杀了陈其美 —————————————— 101
>> 结交孙中山 ———————————————————— 111
>> 收下门生蒋介石 —————————————————— 119
>> 接待下野总统黎元洪 ——————————————— 124

第六章 人生巅峰 ———————————————— 129
>> 解救雷狄主教 —————————————————— 129
>> 辉煌的三鑫公司 —————————————————— 139
>> 独吞大世界 ———————————————————— 145

第七章 美女露兰春事件 ———————————— 157
>> 在自己的地盘上竟然被绑架 ———————————— 157
>> 为了新欢抛旧爱 —————————————————— 161
>> 戴上一顶绿帽子 —————————————————— 163

第八章 和国民党绑在一起 ——————————— 167
>> 脚踏三只船 ———————————————————— 167
>> "四·一二"的血债 ———————————————— 174
>> 蒋总司令来贺寿 —————————————————— 185
>> 人退休了,权力不能旁落 ————————————— 189

第九章 绝不出山当汉奸 ———————————— 195
>> 不做日本人的傀儡市长 —————————————— 195
>> 汪精卫也没那个面子 ——————————————— 202

| >> 各方关系都照顾 | 207 |
| >> 老头子也玩不转了 | 209 |

第十章　回光返照　217

>> 荣社与恒社，谁更高一筹	217
>> 八十大寿，最后的荣光	223
>> 给杜月笙点颜色	230
>> 唯一的亲人也离开了他	236
>> 死在新中国	239

附：黄金荣自白书　245

第一章
麻将桌上的少年

>> 捕快世家的独生子

1840年,英国殖民者用坚船利炮打开了中国封闭已久的大门,随后的几十年里,西方帝国主义国家蜂拥来到这个古老的天朝上国,蹂躏这块土地和这块土地上的人民。腐朽的清王朝日薄西山,国家遭受屈辱、人民生活困苦不堪,但是江南一带的城市却因为西方人的到来而变得格外热闹、繁华。

俗话说,上有天堂,下有苏杭。此话果然名不虚传,无论是城外的灵岩、天平等名山,还是城内的狮子林、玄妙观等园林;无论是阳春三月,还是寒冬腊月,苏州都可以显示出它极美的人文画卷,本书的主人公黄金荣就出生在这繁花似锦的苏州城中。

按出生地说,黄金荣出生在苏州城;而如按祖籍说,应该是浙江余姚人。黄家世代居住在浙江余姚,祖上也没有什么名人出现过,要说黄金荣的身世,只能从他的祖父说起。

黄金荣的祖父是余姚衙门的衙役,他在那个岗位上一干就是三十几年,伺候的官老爷不计其数。眼看着这些官老爷们一个个发财了,但黄金荣的

※"沉沉酣睡我中华,哪知爱国即爱家?国民知醒宜今醒,莫待土分裂似瓜。"原时局图的这首题词,发人深省。

祖父除了背驼了、嗓子哑了、腿脚跑不动了之外,什么都没有得到。就在黄金荣的祖父灰心失望之时,没想到得到了新上任的上司的赏识,将他提升为捕快。这可是一个很有油水的职位,黄金荣的祖父不禁喜出望外,准备大干一场。可惜天不遂人愿,他只当了一年的捕快,就生了一场大病。他担心别人会抢走他这份得来不易的差事,就苦苦哀求这位新官,请求允许他的儿子黄炳泉继承他的位子。或许是这位新官心软,或许是看黄金荣的祖父一辈子不容易,总之,新官最后答应了这个请求。于是黄金荣的父亲黄炳泉"一步登天",做了捕快。

黄金荣的父亲黄炳泉要比他的父亲机灵多了,当年黄金荣的祖父希望儿子长大后能当个大官,摆脱困苦的家境,便将黄炳泉送到私塾去读书。读了几年后,却发现黄炳泉根本不是个读书的料,屡考不中,黄炳泉也就渐渐

※ 图为保留完整的清代盐政衙门。

失去了对读书、当官、发财这个中国传统知识分子发迹之路的兴趣。

黄炳泉小的时候就常常跟随父亲到衙门里去，他特别喜欢听那些捕快谈论那些侦查破案的事情，总是希望有一天自己也能成为他们中的一员。这样一来，他对读书就更加不感兴趣了，几年后，他就离开了私塾。

黄炳泉成年后，父亲曾到处托人给他找事做，但他总是以各种借口推托。他一心想到衙门做事，所以除了经常去衙门外，最常去的就是茶楼酒肆，和那些三教九流之人谈天，再就是在整个余姚县的街头巷尾乱逛。总之，正经事一件也不做。就这样混了几年，没想到父亲因病告退，黄炳泉竟然如愿以偿地成了一名捕快。说来他也是这块材料，凭着自己的机灵劲儿，3年内就在余姚衙门里有了小小的名气。

※ 图为十全街今貌。

尤其第四年春天，苏州城里发生了一件大案，成就了黄炳泉作为一名捕快的职业声名。

原来，这苏州城里有条十全街，在这条街上，有个著名的大宅院，现任宅主名叫段葆青，据说是明朝后期一个宰相的后代，这个段葆青既不出去做官，也不愿做事，性情孤僻，只有一个爱好，就是喜欢把玩古玩。因他祖上留有遗产，他才得以坐享锦衣玉食。段葆青在自己的宅内建造了一间藏宝密室，机关玄秘，只有他自己能进出。这间密室内藏有很多稀有的珠玉古玩、名人名画，在这些宝贝中，有三件价值连城的宝贝，都是他的祖先遗留下来的，分别是翡翠玉佛手、碧玉如意和赵孟頫的《荆轲刺秦王》立轴，两件玉器都出自明代著名的玉工尚九。段葆青对它们爱如性命，小心翼翼地守护着，对任何人绝口不提这三件宝贝的事。

一天，段葆青像往常一样到密室去观赏自己的宝贝。他总是先欣赏一下其他的宝物，然后再把玩这三件至宝。突然，他发现，三件宝贝不见了！他的头"嗡"的一声，一下子瘫坐在地上，很长时间才清醒过来。他扶着墙站起来，颤颤巍巍地来到衙门报官，声明自己将出重赏捉拿疑犯。

段葆青在当地也算是个响当当的人物，和苏州府尹称兄道弟。他一报官，立即惊动了衙内的大小官员。县令陶民全下令要求总捕头洪锦方一周之内要破案。

但是，一个月过去了，案件却一点进展都没有，这可急坏了县令陶民全，因为他知道，一旦段葆青到苏州府尹那里一告，自己的乌纱帽就难保了。而总捕头洪锦方也因为案件眉目全无，期限早过了，也不禁担心起来。

就在洪锦方长吁短叹之时，有人向他推荐了黄炳泉。虽然他对黄炳泉的能力抱着怀疑的态度，但眼下也没有其他的办法，只好让他试试了。于是，一纸公文将黄炳泉调到了苏州府。

黄炳泉一到苏州就开始着手调查案情。他首先查看了段葆青家的密室，之后又对段家的情况做了一番了解。回到衙门后，他对洪锦方说："事情不太简单，我看一定有内鬼，我们先从段老板的家人开始调查吧。"

第二天，黄炳泉带着段家两个年纪较大的佣人回去问话。两个人来到衙门，看到三班六房、满地刑具，立即吓得魂飞魄散。经过一番讯问，黄炳泉发现段家有一个孙婆婆非常可疑。于是，他们立即将这个孙婆婆传来问话。在严刑拷打下，孙婆婆只得道出了实情。原来，有一个叫万强的青

※ 图为复原的县衙正堂内景。

帮帮首，对段家的宝贝觊觎已久，但是段家防范太严，采用以往的偷盗方法是根本不行的，于是，他想到了一个内线打入的方式。他利用他的姘头翠花的干妈，也就是孙婆婆，把一个线人冯姑姑带到段家做了段家小少爷的奶妈。这个冯姑姑趁着出入内室的机会，很快就知道了段家密室的机关，然后将这个情况告诉了翠花，之后，万强和翠花等人便在当晚偷走了三件最有价值的宝贝，很快，又将冯姑姑毒死了。

至此，案件真相大白了。洪锦方带领全部差役将邦首万强等人全部抓获，赃物也全部缴回。

黄炳泉自从破获了这起"带线引劫"的青帮奇案后，在苏州府立即声名鹊起。知府大人对他也是刮目相看，留他在府衙里做了班头。

在这之后，黄炳泉又出主意破获了一起当时轰动朝野的刺杀两江总督马新贻的案子，一下子在苏州城里家喻户晓。后来，洪锦方年纪大了，便由黄炳泉接任了总捕头的位子。直到这时，步入中年且事业有成的黄炳泉才在熟人的撮合下，与一位姓邹的苏州女子成了亲。

>> 天花留下了一脸麻子

黄炳泉成亲后的第二年，就生了一个儿子，但不幸早夭，紧接着又有了一个女儿，取名为黄凤仙。黄炳泉思子心切，一直想要一个儿子。

就在他升职不久，也就是1868年农历十月，夫人黄邹氏已经怀孕9个月了。黄炳泉特意在办案空隙备了香烛跑到城外的灵隐寺，跪在观音菩萨脚下，苦苦哀求讨个儿子。结果终于如他所愿，这一年的12月14日（清同治七年十一月初一），黄邹氏生了一个儿子。黄炳泉看到儿子降生，喜不自胜。让他没有想到的是，这个刚出生的男孩，后来竟成了上海滩赫赫有名的青帮巨头。

黄炳泉中年得子，自然异常兴奋。儿子满月时，要起名字，黄炳泉想起一句话："千金万银才是富，荣宗耀祖才算贵。"于是，从这句话里各取一字，给儿子起名"金荣"，小名"阿荣"。黄金荣三字，就成了未来上海青帮大佬的正式名字。

黄金荣自出娘胎后体质就十分羸弱，经常无缘无故地哭闹，乱发脾气。黄炳泉为此请了一个算命先生，这位先生竟然大胆预言，这个孩子寿命不长。爱子心切的黄炳泉立即询问有什么解法，结果黄金荣被送到寺庙，希望佛祖能够保佑黄家这唯一的宝贝儿子平安长大。可是不久，黄金荣就被接回家中，他根本没吃过什么苦，只是从此以后就有了一个"小和尚"的称号。黄金荣是黄氏一门的独苗，爹娘一天到晚宠着，全家人也都众星捧月似的围着他转。

转眼间，1877年初春，黄金荣已经9岁了。为了让儿子读点书，将来有出息，黄炳泉这才将他送到一家私塾去读书。私塾先生看到"金荣"两个字后，不禁摇摇头，提笔写下了"锦镛"二字，作为他的字。

但是，这个黄家唯一的希望并没有天赋异禀，读书成了让他万分痛苦的事。一本启蒙的《三字经》足足读了半年，之后才开始读《百家姓》、《千字文》、《论语》等，先生教的无非是背书、抄书、写字这一套。黄金荣生性顽皮好动，私塾先生又要求严格，一旦背错了，就要挨打，从小就被父母娇惯的黄金荣哪受得了这份罪，他不是赖学，就是逃学。即使是在课堂上，也是一副心不在焉的样子。

但不管怎样，黄金荣的毛笔字还是在此时打下了一点基础，在未来三个大亨黄金荣、杜月笙、张啸林中，就数黄金荣的书法能拿得出手。他最拿手的是写一个斗大的"福"字，晚年时，他曾得意地回忆说，十五六岁时他赚到的第一笔钱，就是过年给人写斗大的"福"字赚来的。

这一年的9月，一场铺天盖地的天花降临到苏州城。刚上私塾的黄金

※ 旧上海在私塾内读书的儿童。

荣未能幸免,也被染上了。

  天花当时算是不治之症,很多人得了就因此丧命。黄炳泉夫妇为了保住这个儿子,可以说是想尽了一切办法,又是求医,又是拜神,又是到庙里许愿。不管怎样,最后,黄金荣还是活了下来,但脸上却留下了很多坑坑洼洼的麻点子,人们就给他起了个绰号"麻皮金荣"。

  当他病好后,迈进私塾的大门时,那些小同窗对他脸上的麻子禁不住地嘲笑,黄金荣伤心不已,说什么也不肯上学了。就这样,他离开了私塾。

  黄金荣自幼无赖成性,父亲黄炳泉因为公务繁忙,没有时间管他。母亲因为他是家中的独生子,对他更是溺爱,不加管束。所以黄金荣在很小的时候就强蛮霸道。他整天一副邋遢的样子,双手乌黑,拖着一双破鞋,衣服穿得破破烂烂,就像一个小叫花子。他常常带着一群小孩,不管寒暑,整日在大街上乱逛，看到大人就瞪着眼睛，对他们乱叫。而小孩子们也因为他的蛮横无理和动辄打人，不喜欢和他玩。

黄炳泉办案比较干练，连连立功，因此得罪了很多人，其中包括他的同行。在官兵匪盗的勾结下，他缉捕时总是失手，不断遭到新上任的知府的责怪。1880年，因为办了一件错案，黄炳泉受到处分。伤心的他终于知道苏州不是自己的久留之地，于是，他带着妻子和儿女搬到了上海。这也给黄金荣日后在上海"称霸"打下了基础。

黄炳泉在南市张弄的三牌楼买了一栋房子安下家来，并用自己所积之财盘下了住宅东侧的沿街房子，开了一家小茶馆。

小茶馆成了黄金荣最喜欢的地方，只要他一有空，就会来这个小茶馆看打牌。他从小虽然不喜欢读书，对打牌却非常感兴趣，这方面极具天赋，打麻将、推牌九等一学就会，还能触类旁通。他对社会上的各种奇闻异事也非常感兴趣，特别是那些破案的故事。因为父亲曾经手办过很多离奇案件，经常讲给黄金荣听。到上海后，一些捕快、差役也经常来黄金荣家的茶馆喝茶，他们也经常会讲一些精彩的探索故事。每到这时，黄金荣总是兴致勃勃地坐在一边听他们谈论。

黄金荣跟随父亲来到上海时，只有12岁。黄炳泉想着家中只有这一个儿子，老不上学也不是办法，以后还要指着他改换门庭，就和夫人商量，准备让他再回学校读书。

但是，黄金荣懒惰成性，根本不肯在学校甘受约束，三天打鱼两天晒网，没多久，他自由散漫的本性就再次露出来了，背着父母在大街上东游西荡。

母亲黄邹氏知道后，气得大病一场，但她也没什么办法。读书的事情再次宣告结束。

>>12 岁的赌徒

虽然黄金荣当时只有 12 岁,上学读书是最笨的,但只要看到赌钱的玩意儿,他就浑身起劲儿。

在茶馆的前堂和后堂中间竖立着一个屏风。屏风后面,经常传来打麻将的声音,什么"天知""毙士""和了""清一色"等,一听就知道是在赌博。别看黄金荣岁数小,对这个的兴趣可大了,每天都早早地来到后堂,直到很晚才离开。很快,他就对打麻将的技巧十分精通了,什么长三、红人、至尊等,一听就懂。100 多张麻将牌,他不用看,只要用中指摸一下,就知道是什么牌,简直到了出神入化的地步,他总是梦想着自己有一天也能亲自上阵一试身手,但因为他年纪小,也没钱,只好干瞪眼。

有一天夜里,黄金荣站在一个赌客后面看打麻将,打到中场,他看到

※　旧上海的市民在玩麻将牌。

那位赌客已经放听。他前面的牌是三张一万，三张九万，其余的则是两张九条，三万、四万、五万、六万、七万各一张。这副牌是一副整牌，有可能和清一色。但赌客却想着和二五八万。赌客此时很高兴，因为其余三家二五八万都不要，所以谁抓了谁都得打，而且说不定还会自摸。但站在他后面的黄金荣可急坏了，他心想：这是一副好牌，如果和二五八万就可惜了。于是，他不由自主地叨咕出声来："打九条，打九条。"赌客听到后，很吃惊，心想：后面这小子野心还真不小，我本来想着小和一把算了，他却想着要和清一色，好，就听他一把。所以在上家打出二万后，他没要。接着自己也随手抓了一张二万，然后，他毫不犹豫地将九条打了出去。最后，他面前的牌再次放听，这次和的应该是一四七万外加八万。黄金荣看到这时，又忍不住地叨咕："自摸，自摸。"赌客点头会意，结果真的自摸了。

黄金荣此时才轻松起来。看到这孩子不一般，对牌技如此精通，赌客又惊又喜，将他叫到跟前，说："小子，你代我打几把，我出去歇一会儿。输了算我的，赢了全归你。"

早就想大显身手的黄金荣那个高兴啊，自己终于可以亲自上手打牌了。也许是他天生就是吃这碗饭的，第一次上场手气就特别好，最后算下来，总共赢了八块大洋。赌客也说话算数，把赢来的钱都给了黄金荣。黄金荣手中拿着钱，甭提有多高兴了。

哪个赌客能这么大方呢？他正是当时大名鼎鼎的陈世昌，此人擅长赌博、抽签，外号"套签子福生"。他看到黄金荣小小的年纪，赌技就如此出色，就想将他拉入自己的团伙，所以才故作慷慨，让黄金荣上钩。

后来，陈世昌和黄金荣又有过几次接触，觉得他身手敏捷，的确是一块很好的材料，就决定将他好好调教一番。黄金荣尝到赌博的甜头后，自然也更加喜欢打牌了。

一天晚上，陈世昌坐在茶馆吃饭，看见黄金荣进来了，就上前对他说：

※ 旧上海富裕人家"作台城"。

"小子,不要进去了,里面没人。"黄金荣听后转身要走,陈世昌拉住他说:"小子,明天到荣顺酒馆来找我,我带你去见一个人。"

第二天上午10点,黄金荣按照约定来到酒馆时,发现陈世昌已经在一个房间中等他了。见他进来了,陈世昌连忙招呼道:"阿荣,来,来,来,坐这里,我给你介绍一下,这就是神赌三保,这是虾头,这是老刀。"

黄金荣定睛一看,一张桌前已围坐着三个年轻人。听到陈世昌介绍后,都站起来点头和他打招呼。

不一会儿,店小二就将菜上齐了。几个人风卷残云,胡吃海喝了一顿。黄金荣也照着他们的样子,猛喝猛吃起来。酒过三巡,陈世昌满脸笑容地问黄金荣:"阿荣,你麻将打得很好,那你会玩推牌九和掷骰子吗?"

"我什么都会！"

"老弟呀，你知道什么叫会吗？"陈世昌哈哈大笑起来。

还没等黄金荣答话，旁边那个叫赌神三保的人就站起来说："还是让我来玩一把给你看看吧。"说着，他从口袋中掏出两粒骰子放在手中，问黄金荣："大哥，你要几点？"

黄金荣心想：就这两个立体小方块，怎么可能要几点就能掷几点呢？但他还是回答："九点。"

说来也怪，两个骰子就像通人性似的，先是一个停了下来，是五点，另一个又转了几下才停下来，结果是四点。黄金荣惊呆了，其他几个人只是微微笑了一下，好像并不感到稀奇。接着，黄金荣又说了几个点，结果这位神赌都是丝毫不差。

黄金荣看到这些，半天说不出话来，对神赌三保更是佩服得五体投地，当场就跪在三保脚下，央求道："三保叔，你真行，教教我吧！"

陈世昌笑道："阿荣，其实学会这一手并不是一件难事，你运气好，他一定会教你的。"

紧接着，陈世昌又正色问道："阿荣，你知道赌钱最重要的是什么吗？"黄金荣想了一下说道："要脑子转得快。"陈世昌摇摇头："不对，应该是懂技术，手脚快。既能做到假，又不能让对方发现。"

接着，陈世昌将打麻将时怎么偷牌、推牌九时怎么作假等"赌经"对黄金荣说了一遍，直听得黄金荣目瞪口呆。

就这样，几个人在房间里一直交流到凌晨一点多才散去。黄金荣在回家的路上得意极了，他觉得自己今天终于学到真本事了。

此后半个月，黄金荣天天和这几个人在一起，在他们的精心传授、指点下，再加上黄金荣本来就有这方面的天赋，又刻苦学习，终于掌握了不少的赌术。他开了眼界，胆子也渐渐大了，敢于自己上赌桌了。后来，他在自己家的后堂赌桌上，也不时地运用几招，果然灵验。

黄炳泉发现自己的儿子小小年纪就上桌赌钱，觉得不是什么好事，便禁止他上赌桌。无奈，黄金荣只好到外面的茶楼去赌，利用从陈世昌那里学来的作假技术，一次次得手。那些傻傻的赌徒还总是以为自己运气不好才将钱都输光了，而黄金荣和陈世昌等人却一边数着钱一边骂他们是笨蛋。但赌场没有常胜客，一次，黄金荣还是"翻船了"。

一次，黄金荣和他的老搭档一起打麻将，两个人做对门，用原来练好的互通暗号的办法赢钱。一般来说，这种作假的手段不能用太多，否则就会被人发现，但两个人接连赢了两次后，一高兴就忘记了这个"规矩"，第三次又去了。

但这一次很不幸运，对方早就做好了准备。当打到第二圈的时候，黄金荣正好凑成一副大牌，听了一四七条，便按照事先约定好的暗号，举手装着揉眼睛的样子，在自己的眉头上摸了几下。没想到，对方发现了他的这个动作后，立即说："小麻皮听牌了，听一四七条，对吧？"

黄金荣听了大吃一惊，没想到对方竟然掌握了他们的"密码"，但他还是很快镇定下来，装出一副轻松的样子说："你也太瞧不起我们了，我还没听牌呢，送给我一四七条，我也不要。"

对方哈哈大笑说："那好，小麻皮，我先把丑话说在前面，谁出一四七条，谁就是作弊！"

黄金荣表面上没说什么，内心却暗暗叫苦，原来练好的办法不灵了，不免有些心慌，结果连连失和，牌也别扭。几圈下来，从上场输到下场，直到第二天四五点钟，双方才停止"战斗"。最后算下来，黄金荣输了64块大洋。这在当时可不是一个小数目，足够他们一家人生活一年了。

黄金荣毫无惧色，对对方说："我父亲在官府当过差，有钱。但我今天没带那么多，我给你们立张字据，明天保证送到。"但对方不答应，说：

"没有钱还敢来这里玩,你想死啊!"说完,门口就立即拥进来五六个大汉,不由分说就对黄金荣一阵拳打脚踢,之后将他的衣裤、长袍等统统剥了下来,只剩下一件贴身布衫和一条短裤,这才将他拎出大门外,黄金荣冻得瑟瑟发抖,只好一路小跑地回到家中。

黄炳泉看到儿子的狼狈相,气得浑身发抖,大骂道:"你一夜没回来,弄到这副模样,到底是怎么回事?"

黄金荣又冷又怕,半晌一句话也没说出来。黄炳泉和三教九流都打过交道,看到儿子这副模样,已经猜出了八九分。他顺手抓过桌上的茶壶朝儿子砸去,结果黄金荣头一歪,茶壶落在地上"砰"的一声,满地的碎片。

知子莫如父,黄炳泉完全知道儿子的习性,他心想,不能再让儿子这样下去了,否则下次再输掉的就不一定是衣服了,一定要给儿子找个事情做。

>> 裱画工难有大出息

黄金荣的大姐黄凤仙嫁给了一个裱画店的小老板。这家裱画店位于城隍庙豫园隔壁,名为宏宝斋,主要是从书画家们和笺扇庄承接各式楹联、屏条、堂幅和扇册,代为裱托。黄炳泉认为,家有千金,不如薄技在身,于是,他将儿子送进了女婿开的这家裱画店,让他做一个小学徒,以求得一门手艺,长大了做个裱画司务,总可以养家糊口。此时黄炳泉对儿子已经没有太高的期待了。

就这样,黄金荣开始了他裱画徒的生活,这一年是1881年,黄金荣13岁。

但是,黄炳泉将儿子送到裱画店没几天,就生了一场大病,他终究没能看到儿子"出息",在愁苦中死去了。黄金荣得到父亲的死讯非常伤心,

※ 旧上海城隍庙。

但没过多长时间就又恢复了往日的样子。父亲的丧事办完后,他再也不想到裱画店去了。为了打发时光,他经常到赌场鬼混。有时还在外面与人打架斗殴,不是打得人家鼻青脸肿,就是弄得自己狼狈不堪。

有一次,黄金荣又和一帮少年打了起来,结果被母亲邹氏知道了。邹氏很快在悦来茶馆中找到了正在赌钱的他,不由分说地在他头上狠狠地扇了一巴掌,黄金荣很不情愿地跟随母亲回到家里。母亲对他哭诉道:"你父亲刚去世不久,让你好好争气,你现在却这般无赖,他在九泉之下如何瞑目啊……"黄金荣越听心里越烦,但他没有表现出来,因为一直以来,他心中认为最应该敬重、最应该孝敬的就是母亲,特别是在父亲去世后。

第二天,黄金荣在家睡了一天,之后告诉母亲他不想去姐夫那里了。邹氏又开始苦口婆心地劝说:"你去那里学习裱画,这样才能过上上等人的日子啊……"在母亲的劝说下，黄金荣只好无奈地再次来到姐夫的裱画店。

自古以来，做学徒就很苦，黄金荣也不例外。从进裱画店的那天起，黄金荣就以为凭着自己的聪明劲儿很快就能成为裱画司务。但是，当他进入店里学徒后，才知道现实和他的想法是完全相反的。他除了调糨糊、裁纸张外，就是烧柴炉、做饭菜，收入也只有月规钱50文。很快，他就产生了厌烦情绪。因为只有在逢年过节的时候，店里歇工，他才能在回家之前，有机会到外面去游玩散心。

他最喜欢去的就是城隍庙，在庙前，各种小吃散发着诱人的香味，但他每个月只能拿到50文钱，除了剃头、沐浴，剩下的钱已经很少了，只够他吃两碗炒田螺和一件用面筋和百叶合并的"鸳鸯"。他真想自己发一大笔财。

黄金荣就这样满腹怨气地过着学徒的生活，只要有机会他就会偷偷跑出去，到赌场等地方厮混。

因为生活没有着落，邹氏也知道指望不上儿子，只能自谋生路了。她挨家挨户地敲门，帮人家洗衣服。一次，她在下午收衣服的时候，发现少了五件，结果邻居告诉他，下午看到她儿子回来过，可能是他拿走了。邹氏听完后失声痛哭，如今丢了衣服，恐怕以后再也没人让她给洗衣服了。于是，她将黄金荣叫回来，再三盘问下，黄金荣承认是他偷了衣服，拿到当铺去当了。邹氏一听，血直往上涌，最终病倒了。几天后，邹氏含恨而逝。

黄金荣得知母亲去世的消息后，立即赶回家中。这时正是数九寒天，他拖着一双没有后跟的破鞋，在夜深人静时分踉踉跄跄地回到家中。姐姐黄凤仙看到弟弟这副落魄的样子，又想起死去的母亲，眼泪夺眶而出。她连夜为弟弟赶制了一套棉袄裤和一双白布新鞋。这样既暖和，又可戴孝。

三天丧事完毕后，黄金荣穿着一身孝服和白布鞋来到一帮小兄弟面前，他郑重地告诉他们说:"现在,我已经无依无靠了,以后就大胆地在外面混了。"

但兄弟们告诉他,现在他们身无分文,黄金荣看了看脚上的鞋,决定将白布鞋当了换点钱。最后,在他的威逼下,当铺老板同意当五角钱给他。

从那以后,黄金荣再也没有回过家。姐姐黄凤仙到处打听弟弟的下落,得知他和一帮无家可归的混混在一起,因为害怕他会给自己惹上什么麻烦,索性也就不再管他了,任由他自生自灭。

在日复一日的流浪中,黄金荣终于认识到,自己这样终究不是个法子,他决定还是去当学徒吧,这样满师后掌握了一门技术,总还可以混口饭吃。这段经历,为黄金荣日后大展宏图提供了契机。

但是,他不喜欢在姐夫的店里受管束,于是,这次他选择了一个位于南市中心的萃华堂裱画厂,因为他曾会一点这方面的技术,老板黄全浦最

※ 老上海街景。

后将他收下做了一名学徒。

黄金荣在萃华堂裱画厂足足又做了一年的工,这时,来了一个新学徒,他才升到裱画工场做活。但这里也好不到哪去,每天也无非是做一些调调糨糊、削削木轴之类的打杂活。就这样,黄金荣一干就是三年。

到了第三个年头,黄金荣在萃华堂已经算是资格很老的学徒了。他调糨糊的功夫是一流的,装裱技术也学了不少。终于有一天,他成了裱花厂中的一名正式匠人,老板每月给他800文钱,这和他当学徒时的50文钱相比,简直是天壤之别。

随着时间的推移,以及他在社会上的广泛交往,黄金荣很快就意识到,尽管裱画工每月能挣上几百文钱,但终究不会有大出息,他要找门路改换职业,从而使自己成为人上人。

这个失去了严父慈母的少年,开始独立闯世界了,他的野性也变得更加难以驯服。

第二章
大上海闯出一片天

>> 混名声要有手段

这个时候的黄金荣虽然个子不高,但长得十分结实,圆圆的脸看上去坚定而有想法。他握着有力的双拳,感觉浑身充满了力量,也决定依靠自己的本事打出一番天地。

但他靠什么呢?既没有钱,也没有关系门路,出力气的活他不干,体面的活又找不到。就这样,无奈的他整天在街上游荡,混迹在南市和法租界、公共租界交界地带典型的流氓团伙"郑家木桥小瘪三"中,从此开始了他混世魔王的人生道路。

上海作为半殖民地半封建中国的一个畸形发展的大城市,最突出的一个特点就是流氓势力的膨胀。1843年,上海开埠以前,就曾因为人口频繁流动、社会结构复杂、地方官吏管理不善,致使地痞流氓势力极度猖獗。而这些却给黄金荣创造了有利的时机,使得他从一个流氓小瘪三逐渐转变成了一个流氓大亨。

上海延安东路原本是黄浦江的一条支流,叫洋泾浜,非常宽阔。它西经周泾浜和苏州河相连,向东汇入黄浦江。洋泾浜因通洋泾港而得名,浜

※ 18世纪末繁华的上海街景。

※ 当时的洋泾浜虽窄,但两岸却是繁华无比。

分东、西两段，浦西称西洋泾浜，浦东称东洋泾浜。后来东洋泾浜逐渐淤塞，西洋泾浜就直呼洋泾浜了。19世纪40年代，洋泾浜成为英法租界的分界线。洋泾浜上架有九座桥梁，连接两岸的南北交通，郑家木桥就是其中一座。上海小刀会起义后，清军前来围剿，这一带立即变成了战场。英国领事担心战火会蔓延到租界，便下令将此桥拆除。到了1856年，美国传教士泰勒为了方便教徒进出河南的基督教教堂，又在郑家木桥的原址上出资修建了一座长10米、宽4米的木桥，上海人仍称它为郑家木桥。

郑家木桥一带商店林立，酒肆环绕，十分热闹。这里也是地痞流氓出入的重要地段，燕子窝、妓院和赌场到处都是。三教九流、各色人云集，流氓地痞们更是在这里呼风唤雨，聚众闹事。

因为这里是英法租界的分界线，郑家木桥桥南的法租界巡捕不能进入到桥北的英租界，同样，英租界的巡捕也不能进入法租界。这样的情形就给了流氓地痞机会，如果在这边作案，就往那边跑；如果在那边作案，就往这边跑。他们将这里称为他们的风水宝地，只要是有行人或者商船停靠在这里，他们就明目张胆地在光天化日之下抢劫。洋泾浜的有利地形使得这里的流氓地痞越聚越多，他们拉帮结伙，各占一块地盘，很快形成了近代上海黑社会的一个雏形。

从裱画店出来的黄金荣，就在这个乌烟瘴气之地混了起来，并且很快就成了众多的流氓地痞中的霸王。

他的父亲黄炳泉曾给他讲过许多与流氓地痞打交道的社会经验，加上自己多年的历练，再凭借一股蛮力而拳打脚踢，在洋泾浜两岸为非作歹。很快，他就和流氓程子卿、丁顺华等人结成了流氓团伙，同恶相济，坏事做得更多了。

程子卿是江苏镇江人，小时候曾读过几年书。后来因为家里贫穷而辍学，在米店做过学徒，后来带着妹妹来到洋泾浜这块风水宝地混生活，到处纠众敲诈勒索。他善于出鬼点子，因皮肤黝黑被人称为"黑皮子卿"。他与黄金荣可以说是不打不相识。

程子卿和妹妹杏花在郑家木桥的一条小弄堂里居住，旁边有一个酒楼。黄金荣每次骗到或者抢到钱后，就会和他的同伙一起到这个酒楼大吃大喝。

有一年冬天的一天，黄金荣一伙人又准备去酒楼喝酒，结果在弄堂里碰到了杏花。当时杏花只有十六七岁，梳着一条大辫子，长着一双水汪汪的大眼睛。黄金荣一看，就喜欢上了。后来，他仔细打听了杏花的家里情况，发现她只有一个哥哥，而且整天在外面转悠，直到深夜才会回家。杏花总是一个人待在家里，也寂寞难耐。所以，黄金荣和她搭讪时，她反而非常高兴遇到了这个新朋友。一来二去，两个人就好上了。

就这样，黄金荣每天下午都来杏花家，突然有一天，程子卿提前回家了，这才发现妹妹和黄金荣的事情。他非常愤怒，纠结了一帮人，在一天晚上来到黄金荣的住处，将他暴打了一顿，还向他要100块大洋。

黄金荣这才有些害怕，于是他想到了梁捕快。有时黄金荣他们失手了，落到捕快的手中，少不了要"孝敬"他们。捕快们得到贿赂后，就睁只眼闭只眼，将这些流氓训斥一顿后就放走了。黄金荣也是这样认识梁捕快的。

第二天一早，黄金荣就找到梁捕快，将事情的经过向他说了一遍，同时塞给他8块大洋。梁捕快也非常痛快，答应替他将这件事摆平。

当天，梁捕快就将程子卿抓到了衙门，不知他用了什么法子，居然将程子卿说服了。结果是黄金荣和程子卿两个人很快就成了同伙。

丁顺华是南汇人，全身充满蛮力，还学得一手好拳术。每天都摇着柴船来洋泾浜寻找"生意"，但经常遭到当地恶棍的勒索，于是纠集了一批同乡一起做。时间一长，也成了郑家木桥的一霸。

黄金荣和程子卿、丁顺华结成兄弟，黄金荣为老大，丁顺华为老二，程子卿为老三。三个人强强联合，很快就成为郑家木桥一带无可争议的霸主。

※ 因旧上海地痞流氓势力极度猖獗，图为为维护社会治安而成立的上海道台衙门的卫兵。

他们活动的对象主要有两个：一个是来到这里贩运各种农产品的农民，一旦遇到他们，就要留下买路钱；还有一个就是洋泾浜两岸的商家，这些商家需要给他们缴纳一定的"保护费"。除此之外，他们有时还会做些"抛顶宫"（抢路人的高级呢帽子）、"剥猪猡"（抢剥路人衣服）、"剥田鸡"（抢小孩的绒线衣等）等勾当。

经常来到此地的农民和商人吃尽了苦头，但因为这些流氓和捕快是相互勾结的，为了避免麻烦，无奈之下，他们只好给那些在这里最有势力的人行贿送礼，以寻求庇护。流氓中的那些势力强大的人通常会成为团伙帮派中的头目，也逐渐形成了小地盘服从大地盘、小头目服从大头目的局面。黄金荣则在程子卿等人的帮助下，欺行霸市，聚赌狎妓，很快成为洋泾浜两岸有些名气的黑社会头目。

但这一时期的黄金荣依旧属于"郑家木桥小瘪三"的社会最底层的人物，没有固定的收入，直到进入巡捕房后，生活和地位才发生了改变。

>> 法租界的探长

虽然黄金荣在郑家木桥一带有些小名气，但他知道，耍流氓、搞敲诈毕竟不是什么正当职业，不会有出头之日。黄金荣也知道，自己现在还是一个小瘪三，一旦遇到什么事情，还要靠别人帮忙。要想有出息，出人头地，还是应该到衙门里找个差事做做，或许以后有成为人上人的机会。于是，他再次主动接近梁捕快，他将自己积攒的钱全部拿了出来，又向几个兄弟借了一部分，给梁捕快送了一份厚礼，请他给自己寻个公差。

梁捕快看到如此厚礼，又想到从前和黄金荣在茶馆里的交情，便拍着胸脯说："小老弟，你放心，不出半个月，老哥一定给你谋到一份值堂的差使。"

在这之后，黄金荣隔三差五地到梁捕快家去送礼，梁捕快也积极地帮他在官府里活动。1888年春天，黄金荣终于在上海县衙门里谋到了一个值堂的差使。从此之后，黄金荣走上了一条肮脏、丑恶的道路。用他自己的话说，就是：这是我人生的一个转折点，我从此走上了飞黄腾达的生活大道。

但是，值堂并不是什么好的差事，衙门里杂七杂八的事情都要做。黄金荣刚进入衙门时，非常小心谨慎，也非常勤快，就连给衙门兄弟端茶倒水的事情他都去做。官府征收农民的粮食时，他要整天在周边的乡村巡视，要看管官粮，捉拿盗粮罪犯，签发公文，以及其他说不清的各种杂务。黄金荣每天

※ 黄金荣

都要忙到很晚，因为他刚进入衙门，一些"肥差"根本轮不到他来做。有一天，县令让他去松江府送一份公文，这也是黄金荣第一次接差事。当时，上海县属于松江府管辖，每天都要往松江府送公文。

松江府治所在华亭，也就是今天的松江县，离上海县有100多里。当时主要是靠两条腿，的确有些辛苦。黄金荣接了差事后，就带上干粮，穿好官靴，在凌晨3点就出发了。

黄金荣当时很高兴，因为这是他头一次当差。一路上，他健步如飞，上午10点时，他赶到了松江府。黄金荣将上缴粮税的公文递给府尹，趁着等待回文的空隙，他来到城里逛了一圈。

松江府果然名不虚传，街上一片繁华，街两旁店铺林立，有酒楼、茶馆、杂货铺、当铺等，另外还有五光十色的小摊。

逛完了，黄金荣看看时间已经不早了，便匆匆地赶回府衙，拿到回文后就急着向上海县进发了。

当他赶到上海县城时，天色已晚，城门都关上了。他发现城门下还有两个等着开门进城的人。他们喊了半天，看城门人才提着灯笼懒洋洋地出来，将城门开了一条小缝。

"对牌！"看城门的人喊了一声，那两个人立即从门缝中递了一角小洋钱，黄金荣也把对牌交验了。看城门的人这才开了门让他们进城。黄金荣进城后，回头又看了看，心想：难道这样也能捞到油水？实在太容易了。看来，只要心眼活，到处都是捞钱的机会啊。

春去秋来，很快半年就过去了。黄金荣几乎每天都要奔波在上海县松江府的路上，起早贪黑，风里来雨里去，辛苦劲自不待言。

黄金荣这时已经搬到衙门来住了，一是为了省些房钱，二是早出晚归也方便一些。自从他做了值堂后，寂寞多了，没有时间打麻将，也没有时间找女人去了。就连郑家木桥的那一帮弟兄，也难得见上一面。每天回到衙门，走进空荡荡的房子，他就想：我已经20多岁了，不能总是天天面对着空房。我花钱费力地来到衙门，难道就是为了跑腿吗？这样一辈子能有什么出息呢？当前最重要的是要脱离送信的差事，干出一些成绩证明自己。

他暗暗下定决心，一旦有机会，一定要抓住，争取做一个能独当一面的上海名捕。不久，他的机会终于来了。

这天，黄金荣到乡里征收上场的粮食后，刚回到衙门，梁捕快就来了，对他说："阿荣，这些日子跑松江府的确辛苦你了，今天大哥帮你讨个好差使，也给你一个表现的机会。"

黄金荣一听，早忘记了疲劳，一跃而起，着急地问："什么好差使？"

梁捕快说："我们一起去办个案子。"

然后，梁捕快将案子的详细情况向黄金荣说了一遍。原来，虹口松云里住了一家陈姓人家。老大叫阿良，老二叫阿福，阿福从小就被父亲的姨太太收作养子。这个阿福从小就体弱多病，为人懦弱，总是被哥哥阿良欺负，

※ 清末法庭的审判情景。

但从来不敢反抗。阿福整天都在吃药，病却从未见好。这位姨太太非常疼爱阿福，在大前年给他娶了一房亲，女子名叫兰花。但是，不久前，姨太太突然死去了，将自己一生仅有的几个皮箱子留给了阿福。

阿良是一个心术不正的人，想将这几个箱子据为己有。于是，他偷偷地将阿福约出来喝酒，然后将阿福杀害了，还把兰花给卖了。兰花的父母发现兰花失踪了，就报了官府。

听完梁捕快的介绍后，黄金荣立即问道："这家伙会把兰花卖到哪里去呢？"

"可能是卖到妓院了吧。"

黄金荣又问怎么办，梁捕快告诉说："今晚早点睡，明天我来叫你，你和我学一学，就知道该怎么办了。"

第二天，黄金荣早早就起来了，跟着梁捕快一起来到虹口，到松云里去打听，结果什么线索都没有。

之后他们又到附近去打听，有人说这个阿良经常到妓院去玩，两个人决定到妓院去寻找。

黄金荣问："大哥，难道我们要挨个妓院去查吗？"

梁捕快笑笑说："阿荣，这妓院也分等级的，兰花是一个穷人家的孩子，听人说，长得也不太好，你说，她能被卖到什么样的妓院去呢？"

黄金荣在梁捕快的指点下，再加上以前的经验，回答道："别的地方我估计阿良也去不了，大概他只能将兰花卖到最低级的妓院——野鸡窝吧。"

梁捕快听到他的回答后，高兴地笑了。之后，两个人开始对野鸡窝进行搜寻，结果发现这个兰花被卖到南市金秀那里了。黄金荣回到衙门后，立即找到郑家木桥的弟兄们，问他们谁认识这个金秀，有一个兄弟说他和金秀颇有交情。就这样，没有几天，这个兰花就被送回了衙门。

自从黄金荣办了兰花这个案子后,他就升了一级,经常跟随梁捕快一起出去办案,就这样进餐馆白吃饭,到戏馆白看戏,时不时地还能捞到一些油水。

黄金荣机灵聪明,又年轻勤快,梁捕快有什么案子也喜欢带着他。有一次,梁捕快因为一件案子需要到公共租界去,黄金荣也跟随前往。

来到公共租界后,黄金荣发现这里是一个完全不同的世界,周围十里的上海县城,破破烂烂的毫无生气,而这个十里洋场的租界,却热闹非凡。原本以为自己做了衙门的捕快是一件很了不起的事情,但是现在想想,和那些肥头大耳的洋兵印捕相比,自己简直是太可怜了。

这一次租界之行,给黄金荣留下了深刻的印象。之后,他又独自办理了一些案件。经过几年的历练后,黄金荣很快明白了一个道理:上海滩就是一个人吃人的地方,百姓害怕官吏,官吏害怕洋人。如果能到租界里在洋人的手下当差,应该是离"人上人"更近一步了。

而就在这时,法租界总领事警务处传来了要招收华捕的消息。

原来,1890年,法租界当局和清政府达成了扩展租界的协议,但是因为资金匮乏,法租界公然允许妓院、花船、赌场和烟馆营业,以便征收"营业税"。

但是,随着这些行业的兴旺,黑社会势力也更加膨胀起来,严重扰乱了统治秩序。为了解决这个矛盾,法租界当局决定采用"以毒攻毒"的办法,也就是吸收那些有势力的流氓来充实警力,以防止他们的犯罪活动影响到外国殖民者的利益。

总之,法租界当局为了确保租界的平安,根本不顾什么司法公正,而心甘情愿地将流氓势力吸收进来,这就是他们招募华捕的原因。

黄金荣就是在这个思路下"有幸"被法租界当局吸收进来的,成为巡捕房的一员。他后来说:"做包打听,成为我罪恶生活的开始,我被派到

※ 图为旧上海法租界公董局大楼。

大自鸣钟巡捕房做事,那年我 26 岁。"

按照级别来算,包打听是最低级的职位,类似于一个跑腿小差。但是能来到法租界巡捕房工作,黄金荣还是感到非常兴奋。他劲头十足,不断地巴结上司,很快,他就荣升为捕快,成为 13 名华捕中的一员,他被分得的捕牌是 13 号。

他的任务是在上海最繁华的地段——十六铺一带巡视。十六铺码头是水陆交通要冲,是"非租界"区,北面是法租界,南面是南市。这里鱼龙混杂,各种商行、土行、妓院、茶楼比比皆是。许多地痞、流氓和无赖等也聚集到此地,偷吃扒拿、打架斗殴的事情经常发生。黄金荣从前常常在这里和他的那些弟兄们同甘共苦,拉帮结派,打架斗殴,对这里是再熟悉不过了。如果管理这个地方,黄金荣可是信心百倍。

但是,他在执行任务时,虽然是尽全力了,但成绩并不突出。他就想,如果想在巡捕房有所作为,一定要想办法,走一些偏门。

于是,他让兄弟丁顺华和程子卿收买一些惯窃,在法租界的各个地方设置眼线,然后制造出种种事端,之后再让一些人跑到巡捕房向他报告,

※ 十六铺老码头旧址

他再向法国警探汇报,这样就可以使他掌握带人破案的主动权,将作案者一网打尽。等事情过去后,他再想方设法将那些眼线保释出来。有时,他还会在法租界的繁华地带商业区巡视,事先派一些小流氓在这里闹事,然后当他到达时,小流氓们大喊"黄老板来了",便立即抱头鼠窜,黄金荣便装模作样地训斥一番。就这样,各商行老板和帮会的老板都自觉不自觉地向他靠拢,逢年过节,或者是每个月都给他送钱送礼,将他当做保护神。黄金荣的触角逐渐伸及各个行业。黄金荣暗中制造各种纷乱的局面,将法租界闹得鸡犬不宁,然后再由他来平息这种纷乱的局面。逐渐地,法租界警务处开始注意他了,常常找他谈话。黄金荣在巡捕房的地位越来越巩固了,而且在华捕中初露锋芒。

很快,黄金荣就被调到了法租界治安捕房的总机构——麦兰捕房作探长。这样一来,黄金荣身价倍增,也威风起来,手下的巡捕不但要对他立正敬礼,还要给他赇金以示忠心。

黄金荣最大的理想就是能出人头地,现在他做了一个让大多数人敬慕的"上等人",他可以带领自己的兄弟在外面处理案件,可以心安理得地

※ 上海总巡捕房

被别人奉承讨好，还可以在巡捕房中对手下发号施令。从此，黄金荣在上海的地位有了一个质的飞跃。

>> 命中注定的女人

黄金荣做了巡捕房探长后，每天9点钟起床，盥洗完毕后就出门了。他不穿制服，不佩手枪，也不去巡捕房办公，而是到聚宝茶楼喝茶，在这里，有三十二副白木茶座，每个华探都有固定的座位，就像办公桌一样。最里面的那张桌子是黄金荣最喜欢的，他每次来了，就往那里一坐，之后，就有被称作"三光码子"的流氓瘪三前来汇报、问候和打听消息。所谓的"三光码子"，是指华探的助手，他们不分昼夜，为巡捕做事，也因此手头比较宽裕。此时，黄金荣的生活可以说是过得有滋有味。但是，就在他享受着生活、做着步步高升的美梦时，一件突发事件将他惊醒了。这就是法租界爆发的震动上海滩的"四明公所事件"。

在上海城老西门外，有个庄子，周围的围墙有两人来高，南面的两扇乌黑大门一个月只开几次,在门额上钉着一方大匾,上面写着"四明公所"四个大字。这个"四明公所"建于1797年,当时,来到上海的宁波人为了联络同乡,发展事业,共同出资购买了30多亩土地,设立公所、宾馆和义冢,公所内的庙祠是他们拜祭祖先的地方,高耸的正殿就是他们议事的活动场所。

　　1849年,该地被划入法租界。1873年冬天,法租界当局想要将此地修筑成马路,遭到旅沪宁波人的强烈反对,提出抗议。结果,法租界当局杀害了其中的7人。同胞的鲜血激起了民愤,他们捣毁多处外国商行,放火焚烧法人的住宅,法租界当局知道中国人众怒难犯,不得不取消筑路计划,承认"四明公所"为中国人所有。

※　四明公所旧址

但是，1898年中法战争后，法租界得到扩大，当局再次提出要征购四明公所的土地，用来建造医院、学校等公共设施。

当年5月，法国领事白藻泰给上海道台蔡和甫一纸照会，上面说：

> 此地为贵国租予法国，即应归法国管理。且中外公例，地方不便之事，官厅可以改革。四明公所义冢逼近居民，人鬼杂处，易生疫疠，于我侨民实属不便。希道台阁下急速处置此事，一领事翘首以待。

蔡和甫接到照会就立即通知四明公所的董事会，要求让宁波人领出旧柩回原籍埋葬。公所的董事会也开始按照这个要求进行。但是，白藻泰还是嫌动作太慢，实施不彻底。于是，在5月28日，派兵强拆了公所冢地的围墙。"四明公所"董事盐信后、叶澄衷等人出面向法租界交涉，但没有结果，公所已经岌岌可危了。

几十万的宁波人听说后，很快宣布罢工、罢市，一些受雇于法国人的保姆、厨师也愤然离职。当时上海的法租界，在码头工人中宁波人占大多数，罢工罢市后，十六铺轮船上下，货物堆积如山，洋人叫苦不迭。法租界捕房立即命令巡捕设法找到领头闹事的，麦兰捕房的黄金荣也被征调过来参与此事的调查。

黄金荣接到命令后，准备立即行动。他想趁此机会多捞点油水。

就在这时，他接到了一个叫阿德的人的来信。

这位阿德名叫虞洽卿，是一个年轻的买办商人，浙江镇海人，名和德，是旅沪宁波人中的后起之秀，会说英文，是几家洋行的股东，与洋人打成一片，成为上海滩最有势力的人之一，也是当时最有名的企业家和社会活动家之一。他也主张用罢工罢市的方法来对抗法国当局。当他听说白藻泰

※ 虞洽卿（1867—1945），浙江镇海人。

准备率兵镇压宁波人的反抗后，立即找到黄金荣，对他晓之以理动之以情。已经准备行动的黄金荣左右为难，他现在是法国巡捕房的探长，其职责就是维护租界的安全。但是，要屠杀自己的同乡手足，还真是有些不忍心下手。而且，正如虞洽卿所说的，凡事不能赶尽杀绝，应该给自己留条后路，更何况，现在虞洽卿也是小有名气之人，如果给他个面子，对自己的将来是有好处的。想到这些，黄金荣表示，他和他手下的兄弟一定保持中立，不会开枪。

就在这个案子发展到高潮之时，道台蔡和甫让书办查阅了所有关于"四明公所"的文件，最后发现一份在1878年法国总领事和道台褚心斋合出的告示，上面写着：

大清国署江南海关监督分巡苏松太兵备道褚、法国驻扎福州领事调署伤害总领事李，为立据……此后法国租界内四明公所房屋冢地，永归宁波董事经营，免其迁移。凡冢地之内，永不得筑路开沟造屋种植，致损葬棺，由本领事转饬公董局，令巡捕随时照料，以全善举而效和好。

蔡和甫立即让书办将此告示写了副本，带着它去找白藻泰。看到告示后，法租界不得不做出了让步。法租界决定将"四明公所"交还给宁波人，但要求公所内不能再掩埋新尸，旧坟也要立即迁送回原籍。蔡和甫巴不得立即将此事了结，一口答应了法租界的要求。"四明公所"终于保存下来。

在这次事件中，虞洽卿和黄金荣结下了友谊，但是，黄金荣却因为执勤不力而受到了上司的斥责。这让黄金荣意识到，自己的靠山根本不像自己原来想的那么可靠。

而在这时，巡捕房的领班徐安宝又开始排挤他。徐安宝本来是黄金荣

※ 1853年，清廷在上海东门外成立的江海大关旧址。

的上司，但是，不到两年的时间，就发现下属的威风远远超过了他。他的内心不平衡了，既嫉妒又愤恨，于是，他开始在洋人面前说黄金荣的坏话："黄金荣的确是破了很多案子，但是，他从来也没有抓到一个罪犯，他对那些窃贼、流氓和小瘪三是有意纵容包庇还是无计可施呢？"

法租界的督察长将黄金荣叫来，把徐安宝的话讲给他听。黄金荣只好说："督察长既然怀疑我和那些流氓串通，那么徐领班是我的头目，他是不是也和我一个鼻孔出气呢？"

这一说不要紧，可是犯了洋人的大忌。在他们看来，这些华捕可以对百姓们张牙舞爪，但是对他们必须绝对服从、摇头摆尾。今天黄金荣这种态度自然引起了督察长的反感，他怒骂道："现在命令你在三天之内将租界里的流氓瘪三全部铲除，否则就将你以通匪论处。"

租界里的小瘪三大多是黄金荣的兄弟，他怎么肯对自己的兄弟下手呢！他强硬地拒绝了督察长的命令。督察长根本没有想到黄金荣会当场违抗他的命令，大怒道："你竟敢违抗命令，你根本不配当探长！"

黄金荣也怒火攻心，从口袋里掏出包探卡，摔在桌子上，转身就走了。

就这样，黄金荣被迫辞职了。他回到家中，思虑再三，决定到苏州再开辟一片天地。因为苏州是父亲发迹的地方，那里熟人多，谋得一份差事应该是一件容易的事情。于是，他到郑家木桥找到程子卿和丁顺华，和他们告别后，就带着一个叫徐福生的人去了苏州。

那里正好有个他父亲的好兄弟，此人名叫刘武琦，本来是苏州县城的一个地保，太平军攻入苏州后，他趁机做起打劫的勾当，结果发了一笔横财，之后，用这笔钱经商，成为一个生意人。

当听说黄金荣在上海的事迹后，刘武奇觉得此人可用，就让他在自己的天宫戏馆前台做事。当时有一批小流氓经常到戏馆来捣乱，正好需要黄金荣这样的人来帮助他。

※ 旧上海时的唱戏演员剧照。

黄金荣在法租界的巡捕房做过事，在这个小小的天公戏馆里当管事，始终也不甘心。但是他转念一想，当初自己不也是从姐夫的裱画店中出来，凭着自己的一双手打出了一片天下吗？现在的处境要比当初好很多了。这样一想，他就信心百倍了。

一天，几个流氓听说戏馆来了新管事，就跑来故意寻衅。结果被黄金荣和徐福生痛打了一顿。徐福生为此还得了一个"闹天宫福生"的绰号。刘武琦看到黄金荣很能干，就把戏馆的一切事务都交给他打理，黄金荣也俨然成了天公戏馆的老板。

但是，这几个流氓的靠山曹安昌坐不住了，决定给黄金荣他们点厉害尝尝。他想再次派人到戏馆捣乱，但又担心自己的手下不是黄金荣的对手，就决定暗中下手。

他暗中买通苏州衙门，以男女同台演戏有失风化为由，前去逮捕，借以到戏馆捣乱。刘武琦得知这个消息后，立即让黄金荣去找承办此事的一个叫马阿龙的捕快。但是，黄金荣这一去，他见到了一个让他没想到的人。

这个马捕快住在玄妙观附近的一排小平房中，黄金荣进去后，马捕快不在家，出来招呼的是他的妻子。黄金荣见了这个女人，立即惊呆了：眼前的人竟然是南市一枝春的烟花间的女子林桂生。

林桂生是在黄金荣进入租界后当巡捕时认识的。当时，黄金荣做了巡捕，每天例行的公事就是到公馆马路巡视，然后到十六铺一带，一行中除了程子卿、丁顺华外，还有很多其他兄弟，十分威风。如公事结束后空闲下来，他会到南市的赌场或者妓院白白消遣一下。

在他所管辖的十六铺这个地方，是三教九流的聚集地，嫖娼卖淫、赌博闹事司空见惯。妓女也非常多，但她们的生活并不快活。可是这个桂生姐却例外，当时她大约有二十四五岁，因为生活所迫，不得不选择去当妓女。但妓女卖身的血汗钱经常被流氓、警捕等敲诈。于是，桂生姐想出了一个好办法：找一个势力强大的官差给自己撑腰，又黑又麻但是有着巡捕身份的黄金荣就成了阿桂姐的首选对象。很快，两个人的感情就急剧升温，黄金荣经常到阿桂姐家过夜，那些流氓看到后果然不敢来骚扰阿桂姐了。

林桂生长得并不漂亮，身材矮瘦，脸部扁平，终年不施脂粉，言谈举止之间还带着点泼辣。可是，这一点却深合黄金荣的口味，两人打得火热，最后，干脆同居了。白天，黄金荣当差，晚上，就成为阿桂姐的"保护神"。对黄金荣来说，整天逍遥快活还不用花钱，自然乐此不疲；而对阿桂姐来说，现在有了黄金荣，自己就有了靠山。

但是，好日子总是那么短。一天，阿桂姐向他哭着说："妈妈最近老是骂我。"黄金荣忙问："为什么骂你？"阿桂姐就告诉他鸨母因为她接客太少，没赚什么钱，准备将她卖掉。虽然黄金荣喜欢这个女子，但是他赚的钱都被他花掉了，根本没有钱为她赎身。两个月后，当他再去找她时，

※ 旧上海时的妓女。

老鸨告诉他，林桂生已经被一个苏州人买走了，黄金荣听了伤心了好一阵子。只是谁也没想到，两个人会再次相逢。

情人见面，自然分外高兴。但是，此时两个人的身份已经发生了变化，只得将内心的感情压制了下来。当林桂生听说黄金荣此行的目的后，她代替丈夫答应帮他的忙。

几天之后，在马捕快的调节下，曹安昌和黄金荣见面了，之后两个人握手言和。曹安昌还给天宫戏馆送来一块绸匾。黄金荣知道这是马捕快的功劳，于是带着礼物再次来拜访马捕快。他发现，这个马捕快庸庸碌碌，非常怕事，像个女子一样；而林桂生却非常精干、豪爽，做事有股男子的风范。

经过交谈才得知，马捕快本来不想参与此事，因为林桂生从中帮忙，硬是逼着他答应了此事。为此，黄金荣内心对林桂生又多了一份感激。

为了能多接触林桂生，他常常邀请她到天宫戏院看戏，坐在台口正中的第一桌，自己在旁边陪着。而林桂生也想经常见到黄金荣，就以答谢他的盛情好客为名，经常请他到家里来吃饭。因为马捕快在衙门事情较多，就给两个人创造了机会。两个人也就顾不得什么礼义和伦理，又好上了。从此，黄金荣将马家作为消遣的地方，而林桂生则借机发泄她对丈夫的不满。

就这样，黄金荣和阿桂姐姘居了两年，仿佛是尝到了家的温馨。但是，阿桂姐毕竟是一个有丈夫的人，而且，她的地位也比较低。如果长久混下去，不但背后遭人议论，而且对自己的前程也有一定的影响。黄金荣陷入深深的矛盾中。

就在这时，突然有一天，法国督察长在徐安宝的陪同下，来到天公戏馆找到他。原来，自从他离开上海后，法租界里依旧案子不断，巡捕们办案能力非常低，万般无奈之下，他们决定将黄金荣请回来破案。

黄金荣很清楚，那些闹事的一定是他的那帮兄弟们。当他得知督察长准备请他回去时，内心非常激动。两年来，他一直都想重回上海，在夜里还时常梦到和兄弟们一起分赃，但是，想到自己当初离开的情景，他就非常气愤。于是，他压住心中的怒火，不冷不热地说："我在苏州很好，天宫老板也不肯放我，让我再想想吧。"

林桂生得知这个消息，为黄金荣感到高兴，而黄金荣脸上露出难舍之情，说："我真是舍不得离开你啊。"

没想到林桂生立即说："我不会离开你的，我要和你一起走。"

黄金荣闻听此言目瞪口呆，他没想到林桂生会做出如此决定，但当他得知她已经怀了他的孩子后，便决定带着她一起到上海。

林桂生怕影响到黄金荣的前途，就让他对外人另编一套关于她的身世，说她是苏州林家的独生女，父母要招他做女婿，因为不肯改姓，两个人就跑了出来。

黄金荣非常感激她的真心诚意,也钦佩她对事情的深谋远虑。义和团事件后不久,两个人就选择了日子完婚了。

娶了林桂生,使得黄金荣的人生跨入了一个新的阶段。他暗自庆幸自己找到了这个能干的旧情人,心里甚至认为命中注定这个女人就该跟他在一起,帮助他成就自己的一番"霸业"。而后来的事情也证明,黄金荣当初的选择是对的,林桂生果然是他的智囊和参谋,在20多年的夫妻生涯中,他们共同创下了上海滩黑道第一号的地位。

>> 谁窃取了太后的密折

黄金荣带着林桂生来到上海,游遍了十里洋场,又去城隍庙游玩。林桂生看到上海的美妙景色,看到上海的繁花似锦,就暗下决心,一定要帮助丈夫在这里大干一场。

他们在法租界和南市交界的北门护城河旁边租了一间房子,这样,他们在这里就有了一个舒适而安静的家。这一年是1900年,黄金荣32岁。

当初,黄金荣进入巡捕房后,就利用其手下的爪牙闹事,然后他作为社会治安的维护者治理他们,从而赢得了洋人的赏识,逐渐成为法租界公认的最为得力的警员。

这次重返巡捕房后,他再次受到重用,成为外勤股和强盗股两个部门的领班。之后,他来到郑家木桥,找来丁顺华和程子卿做自己的帮手,又把徐福生从苏州调来做郑家木桥的瘪三头目。很快,黄金荣就接到一件法国女子被杀的案子。

这个法国女子是一位商人,住在法租界杜美路94号。一天下午两点左右,女仆去给女主人送牛奶蛋糕。当她走进女主人的卧室时,发现女主人躺在床上的鸭绒被窝里，脸色苍白。女仆叫了一声，不见回答，然后她走到跟前伸手掀开被子，结果发现女主人已经被刺死，身上有三个刀刺的痕迹，她的胸部左侧还插着一把刀没有取下来。

黄金荣赶到现场时，已经有两个法籍探长和一条警犬在那里勘查。屋中没有打斗的痕迹，也没有丢失什么东西，推测应该是熟人作案。

这位女商人家中只有一个女仆、一个已经失踪的52岁的男主人和一个15岁的女孩。

法医验尸报告出来了，这位女子死了几个小时，凶手是一个受过专业训练的男子，因为所刺的部位都非常准确：咽喉、心脏和肺部。之后，巡捕房鉴别科对刀柄上的手印进行了检查，最终确定失踪的男主人就是凶手。

现在真相大白了，接着就要寻找那个男凶手了。黄金荣想：看来这两个高鼻子笨蛋没什么本事，如果是我抓到这个凶手了，说不定还能爬到他们之上呢！想到这些，他就将手下养的五六个眼线叫来了。他骂骂咧咧地将案情说了一遍，然后就交代他们，就算寻遍上海滩的每一个角落，也要把这个凶手给找出来。

一个多星期后，两个洋探长什么线索也没有，而黄金荣却得到一个重要的消息：

他的一个线人发现在英租界里有一个年轻女人和凶手有密切关系，这个女人没有结婚，却有一个18岁的女儿，在一家洋行当打字员。

黄金荣立即找到这个当打字员的姑娘，经过她的供述和自己所掌握的情况，终于了解了整个案情的经过。

原来，这个姑娘的母亲和凶手已经相爱二十几年了，她就是他们两个人的孩子。十几天前，凶手，也就是她的父亲来到她家，告诉她的母亲说清朝大臣李鸿章已经来到上海，慈禧太后给李鸿章的一道密旨的抄本已经被他弄到手了，但被他的夫人发现了，而他的夫人是法国情报部的人，由贝当领导。而他的父亲名义上是法国商人，实际上却是英国间谍，所以两个人为了这份绝密情报争夺起来。最后，她的父亲杀了那位夫人，然后带着她的女儿逃走了。

当时，反帝义和团民正在向京津两地聚拢，义和团3万多人已经占领了北京近郊涿州，英、法、美、日、德、奥、意等国组成八国联军，借口为保卫在北京的公使馆和侨民免受义和团的进攻，由英国海军中将西摩尔率领出兵中国，大肆掠夺，并攻打天津的大沽口，7月14日，天津失陷。

这时，慈禧太后给两广总督李鸿章发电报，让他回京城，李鸿章到上海后便停下了。各国不知道他来到这里的目的是什么，便纷纷想获得慈禧太后给他的那道密折。那凶手和他的夫人争夺的正是这道奏折。

黄金荣在这件案子中立了头功，法国督察长和贝当少校非常满意，但

※ 义和团失败后，清廷派醇亲王载沣出使欧洲致歉，途经上海。

是，慈禧太后和李鸿章之间的绝密情报还没有弄到手，贝当少校当然不死心，于是让法国租界总监石维也帮他物色人选，找一个有影响力、头脑灵活人的来办理这件事，这个人必须手下有很多人帮他做事，务必将这份情报弄到手。

石维也很为难，他认为黄金荣倒是满足这些条件，但是这件事不在他的职责范围内，也超过了他管辖的范围，担心他不同意。

贝当则认为这很容易办到，因为黄金荣最喜欢两样东西：钱和女人。他就从这两方面下手，让黄金荣同意此事。果然不出所料，在钱和美女的诱惑下，黄金荣毫不犹豫地就答应了。

这个贝当少校确实没有选错人。在洋人看来，黄金荣是一条地头蛇；在上海的中国地界来讲，他又是有洋人撑腰的强龙。所以，让他来办这么重大的事，也是非常容易的。

当天晚上，黄金荣就将有"签子福生"之称的陈世昌请到上海，共商大事。这个陈世昌自从和黄金荣结交后，两个人互相利用，狼狈为奸。

两个人酒足饭饱后，黄金荣挥挥手让姘头阿巧出去了，然后将事情的经过向陈世昌说了一遍，同时掏出 50 块大洋放在陈世昌的旁边。

陈世昌听完了，说自己手下有个人是某太监的亲戚，等他回去后，让这个人进京一趟，将奏折的草稿给弄出来。

两个人一直商量到半夜才结束。送走陈世昌后，黄金荣深有感触：自己在上海滩的势力还是太小了，眼前这件事，就需要求助陈世昌。因此以后还要继续扩充自己在上海滩的势力，才能闯出更大的局面，这样就没有办不成的事情了。他要将巡捕房中的"正俗股（专门管妓女收"花捐"的事情）"、"查缉股（查办鸦片走私的）"，还有法租界的赌窟都划归到自己的手中，这样他就能成为全上海名副其实、地地道道的大亨了。他决定从明天开始就实施这个决定。

因为等着陈世昌的消息，这两天黄金荣没有到巡捕房去，除了找姘头睡觉外，其他的时间就是去赌博。这一天，丁顺华来向他报告，说东西已经弄到手了，并引来一个人。他立即将那个人请到屋里。那个人从裤腰里取出一沓卷成长条的白纸，双手递给黄金荣。

黄金荣接过白纸，打开一看，正是李鸿章给慈禧太后上的奏折，其中的一段是这样的：

……臣读寄谕，似皇太后、皇上仍无诚心议和之意，朝政仍在跋扈奸臣之手，犹信拳匪为忠义之民，不胜忧虑！

……臣现无一兵一饷，若冒昧北上，唯死于乱兵妖民，而于国毫无所益，故臣仍驻上海，拟先筹一卫队，措足饷项，并探察到列强情形，随机应付，一俟办有头绪，即当兼程北上，臣昧死上闻。

黄金荣看了非常高兴，就问来人是否有抄漏的。

来人告诉他，自己的表弟在上海衙门签押房中做录事，托一个师爷买到了这份密折。

黄金荣听完后，心里嘀咕起来，这是件大事，最怕泄露出去，现在又多了一个人知道了，可怎么好。但他表面上没有表现出来，对来人说："这件事办得很漂亮，我不会亏待你的，这是30块大洋，你先收着。后天夜里，你和你表弟去宝山路功德坊十七号领赏，我再给你们每人一百块。"

来人接过30块大洋后，便点头弯腰出去了。

之后，黄金荣立即找来新收来的两个徒弟，让他们将这两个人干掉。因为他知道，中国人最恨那些吃里爬外的人，自己虽然在法租界做事，但还是中国人，一旦这件事泄露出去，自己就成了千古罪人，清政府说不定哪天就会将刀架在自己的脖子上，那时候就连租界当局也保不住自己了，死后也会留下卖国贼的骂名。他绝不能让这种事情发生。

交代完后，黄金荣便立即将奏折抄本收好，去找贝当少校领功受赏去了。黄金荣再一次出尽了风头，不用说，法租界当局对他又是一番赞扬，还特意给他安排了假期。

这时，两个徒弟也向他报告说，他交代的事情已经做完了。黄金荣详细询问了整个事情的经过，高兴地说："你们干得很好，很会办事，以后就留在我这里当差吧……"

其实，前段时间，黄金荣就曾考虑过收徒弟的事情，但因为太忙，便把这件事放下了。现在，他决定收一大帮能干的徒弟，这样以后办事时就不会出现缺少人手的情况，也不用再去求陈世昌这样的流氓头子了。有了徒弟之后，徒弟再收徒弟，自己的势力就会像滚雪球一样越滚越大，自己就可以在上海滩上真正耀武扬威了。

>> 捉住江洋大盗

1900年秋天，八国联军侵入了北京，掌握清王朝大权的慈禧太后带着光绪皇帝离开了紫禁城一路往西逃去。政局变化不定，而对上海来说，和往年没有什么区别，穷困的人家还是穷困，豪商富豪依旧是灯红酒绿纸醉金迷。在中国进一步陷入半殖民地半封建社会的时候，黄金荣却成为一个风光八面、威风凛凛、人人要巴结的人物。

一天，巡捕房又接到一个案子，法国督察长指名让黄金荣去侦破。

原来，光绪年间，在太湖一带出现了一个大盗，没有人知道他姓什么叫什么，因为他常在月黑风高之夜打家劫舍，人们就称他为"黑风"。虽然他手下人不多，但个个都精明强悍，让官府十分头痛。

这个"黑风"大盗带领手下匪徒在无锡、苏州、昆山等地屡次作案，均未破获。这次，他带人在常州抢劫了一个富商，抢走了价值连城的宝贝。这个商人非常着急，因当地捕快软弱无力，便托人求助于上海法租界，许下重金悬赏，希望能将匪首缉拿归案，将被盗的珍宝追回。

巡捕房认为这件案子的油水很多，而且一旦将案件破获，还可以提高自己的声誉，于是，便安排破案能力极强的黄金荣负责。

在过去，黄金荣主要是安排自己手下那些流氓混混破假案，捞名声。像这种真刀真枪地破案还真是不多。他知道这是个苦差事，对方是个江洋大盗，一旦抓捕不遂，自己肯定要吃大亏；但如果能将此案破获了，自己在法租界就没有敌手了。

他接到这个差使后，不敢怠慢，立即派丁顺华、程子卿放出眼线，探察"黑风"的动向。经过两个星期的打探，终于发现了线索。

原来，"黑风"等人在常州抢劫了大批珠宝后，知道案情重大，便决定先将财物分了，一边隐蔽，一边享受。"黑风"大盗带着大部分珍宝逃到苏州，在一个相好的家里躲了起来。

黄金荣摸清虚实后，带着丁顺华、程子卿等一大批人直奔自己的老家苏州，和府衙门的朋友接上头，并商定了一个周密的缉盗计划。

晚上，黄金荣纵身跃上矮墙，潜到窗外，隐约中看见屋内一个三十几岁的大汉正搂着一个妖艳的女子在喝酒。

这个大汉正是"黑风"大盗。程子卿等人在翻墙时弄出了一点动静，大汉一听，立即警觉地将灯吹灭了，顿时，屋内一片漆黑。黄金荣正要封门，结果一个黑影已将大门撞开，飞奔出去，纵身一跃，蹿上了矮墙。黄金荣随即也追了上去。

黄金荣小的时候，曾经跟随父亲练过一些拳脚，所以没跟丢"黑风"大盗。这个"黑风"大盗因为狼狈逃窜，又喝了一些酒，功夫已经减少了大半。

黄金荣瞅准机会向他扑去,谁想扑了个空,不过"黑风"为了这一躲闪,扭伤了脚,无法再跑,只能一拐一拐地向前逃着。眼看着黄金荣就追到了,"黑风"大盗无奈之下准备跃入河中泅水逃走。黄金荣见此情景,也顾不得自己不懂水性,也跳入河中,眼看着自己也快水没顶了,正好丁顺华和程子卿等人及时赶到,才将这个"黑风"抓住了。

1930年,《上海名人传》这样记载道:

> 旋有太湖巨盗抢劫巨案,先生奉命赴苏办理,盗者鸷悍难擒,先生不避艰险,与之搏,盗登屋,先生初登屋,跃下时,伤其足,盗泅水,先生亦泅水,几灭顶,盗卒被手擒。

因为破获了珍宝大案,法国殖民当局更加看重黄金荣了,称赞黄金荣的手下都是精英。以后,不管什么大的案件和破不了的案子,巡捕房一定会将重任交给黄金荣。黄金荣和弟兄们很快就成了麦兰巡捕房的顶梁柱。

第三章
中国第一帮主

>> 青帮是什么

在上海滩，人们将未曾入帮派的流氓叫"空子"。黄金荣一直忙于巴结洋人，为洋人效力，帮会的事情就忽略了，如今虽然他已经是法租界不可或缺的人物了，但在黑道上，他仍然是"空子"的身份。自从重回上海滩后，他已经财势两旺，所以，接下来要做的就是广收门徒了。

当时中国的帮会中，主要有洪帮和青帮两个帮派。

※ 天地会创立遗址——（福建）高溪庙

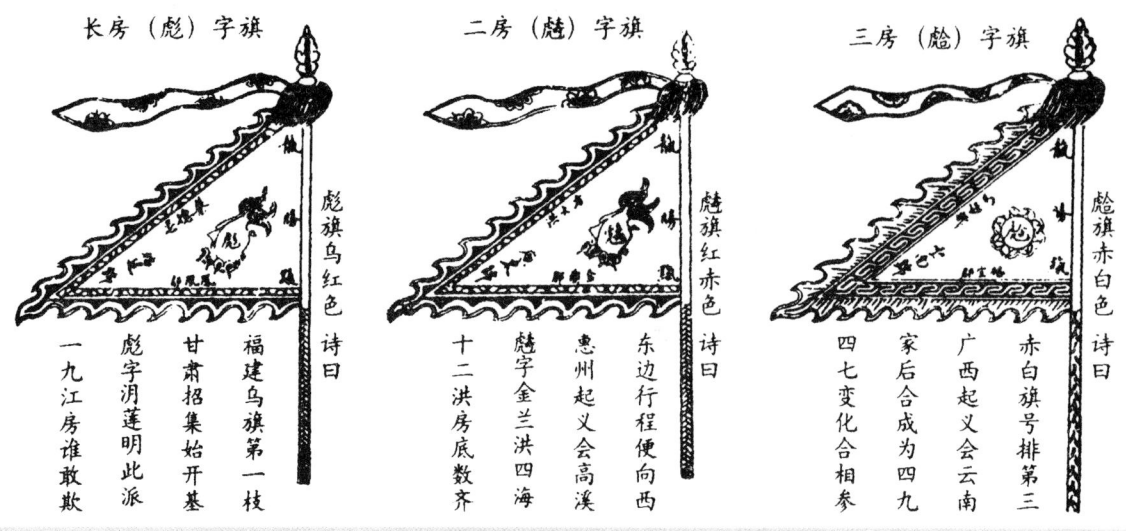

洪帮，即洪门，是明末清初以来中国最重要的帮会，由天地会、三合会、哥老会等秘密组织演化而成。

明朝末年，清军南下，明朝平郡王郑成功退守福建东南隅，反清复明。鉴于当时文武官员朝秦暮楚，为了巩固军士团结，1661年（顺治十八年），郑成功在台湾开设了"金台山""明伦堂"，这就是洪门最初的"山""堂"组织。

洪门的秘密口号是"明大复心一"，反过来就是"一心复大明"。洪门内部的山主以公、侯、伯、子、男自封，称仁义兄弟。清朝视洪门为大逆不道，一经查出就抄家灭族，称他们为红帮之匪，外界人士也都称洪门为"红帮"。

为了发展在大陆的势力，郑成功又派蔡德英、方达成、马超兴、胡德帝、李式开等人进入福建兴化府莆田县发展组织。这五人就是后来鼎鼎大名的"洪门前五祖"。

后来，因为叛徒出卖，清朝廷派人追杀这五人，结果被吴天成、方惠成、张敬之、杨仗祐、林大江五人挽救。后来，洪门中的门徒就将这五人称为

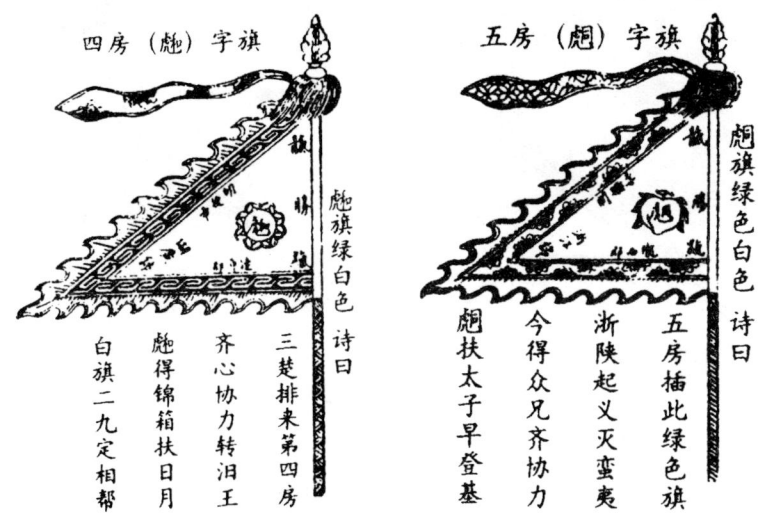

"中五祖"。

"前五祖"和"中五祖"一行人到达广州后，遇到清兵围剿，结果又被和尚吴天祐、洪太岁、姚必达、李式地、林永超五人救护脱险，这五人就是"洪门后五祖"。

随着时间的发展，洪门也不断地发展壮大，到黄金荣时期，上海洪门已经发展到30多个团体，其中以五圣山、五行山、侠义社等最有影响力。

青帮，也叫安青帮，是从清朝雍正年间的漕运帮中形成壮大的。青帮内部有一部秘籍叫《通漕》，其中谈到了关于青帮起源的传说：

> 雍正四年，船齐下水，开始运粮。翁、钱、潘三祖因人类不齐，殊难约束，经何公（漕督何立帮）奏明，恩准三祖各开山门，广收弟子，支配各船服务。再由徒传徒，人才日众……全帮合力合心，漕运于斯为盛。昔日递运艰难，人畏其险；今则交通便利，人赖以安，故定帮名曰安清。

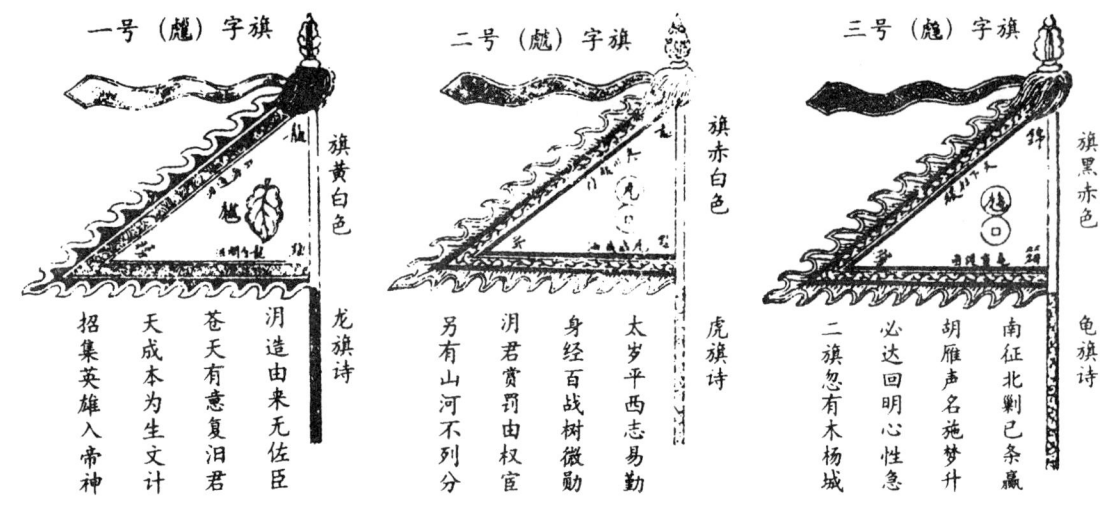

但是青帮中的门徒为了显示自己的地位和权威，将其历史推前到明朝，认为明朝永乐年间的文渊阁大学士是其第一代始祖。而从《通漕》中看，青帮的真正祖师，应该是翁岩、钱坚、潘清三人，他们各领一帮，设立山堂，分别称为翁佑堂、钱保堂、潘安堂。

青帮自从创立之日起，便广收门徒，规模越来越大，由初期的三帮逐渐发展为七帮、十二帮，到道光初年已经发展到五六十万人。

因为这个组织是经过清廷批准开办的，所收的门徒也是钦命准许的，这个帮的中心任务就是办好大清的漕运。漕运是南粮北绸的重要通道，清政府极为重视，翁、钱、潘三人也确实努力去做，因此得到清廷的嘉奖，他们的门徒也都效忠朝廷，因此称"清帮"，后来，人们传为"青帮"。

清朝乾隆、嘉庆年间，各地起义不断，白莲教、八卦教不断起事。以漕运为本行的青帮也卷入其中，于是，清廷下旨将民间组织全部肃清，这样，青帮由公开的合法组织开始转入地下活动。1855年太平天国运动期间，漕运事实上已经停止，但是青帮组织依旧在社会上流传。根据1842年的中英《南京条约》记载，上海成为开放口岸，很多无业的青帮人员便云集于此，

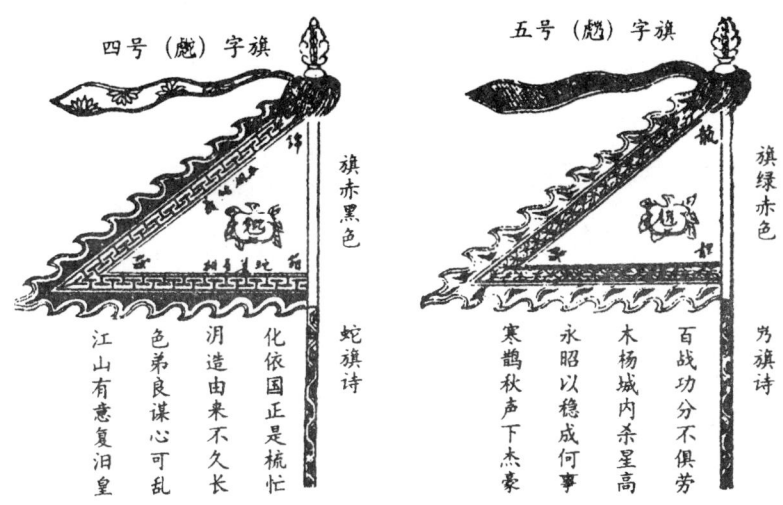

　　就这样,青帮走进了上海。这些帮中人和流氓相互勾结,深入到社会各个角落,开设赌场、妓院等,为非作歹,欺压百姓,成为社会上的一股恶势力。

　　其实,黄金荣早就和青帮有了联系,"签子福生"陈世昌就是青帮中的人。现在,黄金荣准备广收徒弟了,但按照江湖上的规矩,他既不是青帮的人,也不是洪门的人,是没有资格开香堂收徒的,也不能收弟兄。所以,黄金荣招来亲信丁顺华、程子卿、陈三林、金九龄等人商量。

　　程子卿的性子比较直,他认为还是自己结帮比较好,这样,就不必看别人的脸色行事了。但陈三林不同意,他认为要结帮那也得师出有名,否则谁加入你的帮啊。最后,一致决定不再建立新帮,而是依靠洪门或者青帮中的一个。这样可以避免很多不必要的麻烦,因为如果自己建立帮派,会引来清政府和法国领事方面的误解,更何况黄金荣还是堂堂的法租界探长,另立帮派似乎也有些不妥。

　　但依靠这两个帮派中的哪一个呢?

　　黄金荣说:"洪门的始祖和帮规太多了,什么前五祖、中五祖、后五祖的,记不住,再说,洪门还出现过叛徒,太不光彩了,也不吉利。"

他狠狠地一拍桌子,道:"我们就靠青帮!"

就这样,黄金荣的势力集团开始一点点地伸向黑恶势力的核心地带。

准备工作随即开始,黄金荣决定在1901年农历十一月初一,也就是他33岁生日那天正式开堂。

>> 热热闹闹的香堂大典

开香堂的礼节和拜师仪式是十分隆重而复杂的。

首先,要有几十个以上的"空子"才能开一次香堂,举行一次拜师仪式。

其次,香堂的摆设也非常有讲究,在大殿的正中长桌上要供翁岩、钱坚、潘清三堂"祖爷"的神位。对于这一点,黄金荣犯难了,自己还不是帮中之人,没有资格将他们拜为祖师爷,拜谁呢?这时,他想起自己的父亲最崇拜关公了,对,就将关羽作为祖师爷。

紧接着又出现了一个问题,在青帮中,兄弟的辈分也是很重要的,因为老头子和徒弟不可能是一个辈分的。又不能采用帮中的规矩,因为自己是"空子",读的书也很少,这让他犯起难来。

没办法,他只好将这个问题交给读书较多的骆振忠想办法。经过几天思考,骆振忠还真的排出了二十四个字的辈分:文行忠信,孝悌树人,礼仁兼明,正心吉祥,松柏长春,永葆德成。黄金荣看后非常满意,这二十四字就成为黄金荣家独创的家谱。

在开香堂时,事先要发出请帖,凡是老头子以上一辈的师尊和老头子的同辈兄弟,都要请来参加,这叫"赶香堂"。但是黄金荣是"空子",没有同辈,也没有同门兄弟,于是,他就邀请了杭州、上海等地的青帮头子,还有陈世昌、虞洽卿等好友。一些英法租界的商人为了以后能依靠黄金荣的流氓牌子,也都前来祝贺。黄金荣的这次开香堂大典,来捧场的人非常多。

1901年农历十一月初一，早晨，天气晴好，澄蓝的天空漂浮着几朵洁白的云彩。江心的雾网被一缕寒风吹开，几只叶样的渔船在白茫茫的水面上显露出来。

一大早，黄金荣就在骆振忠的陪同下来到了宝兴酒楼，这里已被改作香堂。几天前，黄金荣就派手下将这里布置好了。站在堂外，黄金荣就感觉到了一股隆重的气氛，只见一帮手下正在紧张地忙碌着，请来的一帮乐人吹出的音乐悠悠扬扬，听上去悦耳动听。

进入香堂内，黄金荣眼睛一亮：只见茶楼里装点得富丽堂皇，地毯铺路；四壁人物画屏，琳琅满目，紫檀坐椅铺以锦绣铺垫；香堂正中的

※　1900年法租界霞飞路

案桌上，足有10斤重的一对舞龙戏珠红烛正在燃烧；香案的上方，供着"关圣帝君"的画像。在画像的两边，贴着一副对联，上联是：师卧龙，友子龙，龙师龙友。下联是：兄玄德，弟翼德，德兄德弟。

黄金荣看完，心中一阵欢愉，脸上露出满意的样子。不一会儿，赶香堂的人陆续来到。一时间，香堂内香火鼎盛，热闹非凡。

上午10点钟，大典正式开始，一阵鞭炮过后，"老头子"黄金荣身穿蓝底青花缎袍子，外穿一件"寿"字团花马褂，头戴红珠顶瓜皮帽，脚着双梁粉底黑直贡呢鞋子，满面红光地从楼上走下来，十几个亲信及好友紧随其后。黄金荣在厅堂居中的一把太师椅上坐下，其他人分坐在两旁。

众人坐定之后，赞礼人骆振忠高声喊道："启山门！"

喊声刚一结束，正厅大门吱呀一声打开，恭候在门外的门徒手捧红帖，由引见师引领着进入大厅。他们在关公像、老头子、赶香堂的人面前相继磕了三个响头之后，又回到原位。这些人中，有陈三林、金九龄、程子卿、马祥生、丁顺华、鲁锦臣、曾九如、朱顺林、顾玉书等，都是黄金荣平日里最信赖的人，一直跟着黄金荣鞍前马后，立下了不少功劳。

磕头完毕，赞礼人又大声喊道："开香！"

司香的执事将桌子下的包头香划开，给每人分了一支。

等香分好后，赞礼人又喊了声："下跪！"

这些人便齐刷刷地跪下了，有两个执事双手捧了只盛满清水的铜盆，依次让每个人喝了一口，这就是"净口"。其意思是说，新进山门的门徒以后遵守帮规，不得胡言乱语。

净口完毕，赞礼人又喊道："启问！"

接下来就是老头子的询问环节，和青帮中的问答方式基本相同。

黄金荣板着脸向跪着的众人问道："你们是自愿加入帮会，还是有人强迫加入的？入帮是没有什么好处的，要严格遵守帮规，一定要做到！"

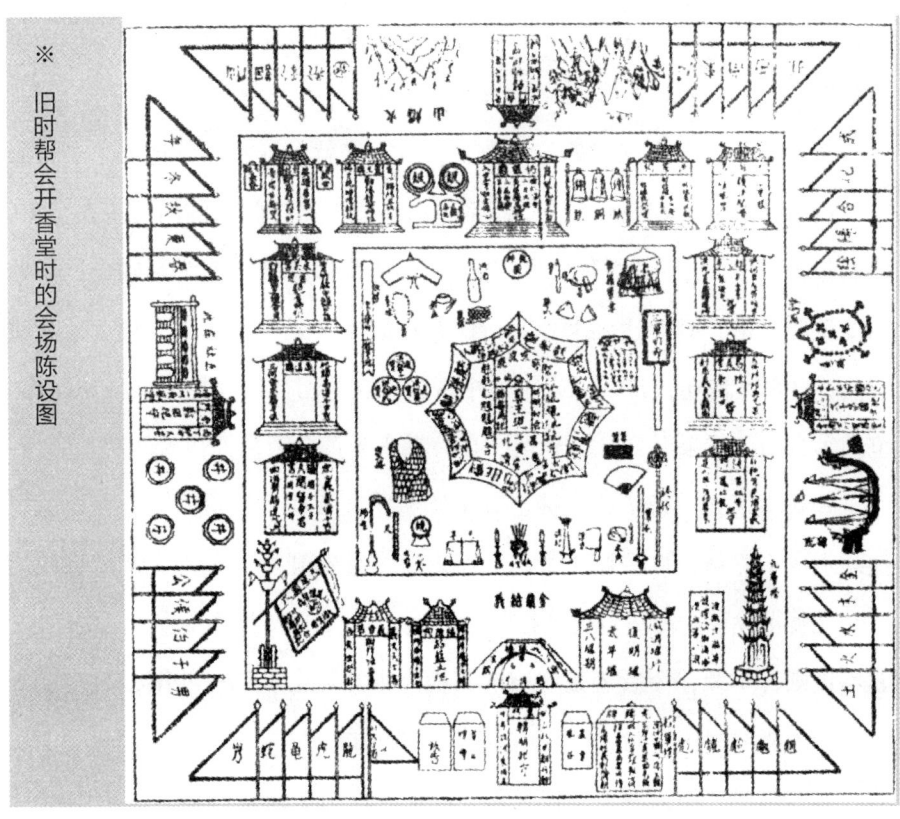

※ 旧时帮会开香堂时的会场陈设图

跪着的门徒们立即回答:"是自愿加入的!"

黄金荣又问:"如果你们入帮后,有人违反帮规,就要按照家法帮规处置,你们能做到吗?"

底下人再次大声答道:"甘受约束,誓守帮规!"

这一环节结束后,就是门徒向老头子敬献红帖子。这红帖子上面写着"守信"二字,翻开后,上面写着"敬拜黄金荣老师门下",后面是具体的名字。各人双手将那红帖呈出,恭恭敬敬地放在两个执事端来的红漆圆盘中。最后一个环节就是发小折子了。按照规矩,小折子上面除了帮规等内容外,还包括帮内三帮九代的名称,以及帮内的排行字辈,另外还有门徒的名字排行。这个小折子是帮内最重要的东西,帮内每个门徒都要秘密珍藏，不能给帮外的人看，一旦泄露秘密，就要按家法处以三刀六洞，毫不容情。

至此，香堂大典仪式就算结束了，接下来就是开宴。茶楼上下摆开酒席，人们开始胡吃海喝，吆五喝六。筵席酒费概由新进门槛的门徒按人分摊。他们是黄门中的第一批门徒，每个门徒都要交银元二十作为拜师金，有些门徒还要加倍，有的达到上百元。白花花的千余元银元落入了黄金荣的腰包。钱并不会白花，自从加入了这个帮会，这些门徒便开始了疯狂地敲诈、抢劫等行动，如果遇到什么麻烦，自有老头子黄金荣出面撑腰解决。

开香堂仪式举行了，门徒也收了，但黄金荣还是觉得不顺心，那就是他既不属于青帮，也不属于洪门，所以这个香堂开得不伦不类，简直就是一个"黄帮"香堂。尽管他现在的势力大，没有人敢当面笑话，但俗话说，名不正则言不顺，今后还是应该向其他人求教帮会上的一些事，只有虚心学习，才能把握住方向。

想到这些，当天晚上，黄金荣便决定去拜访李休堂。

李休堂是杭州的青帮头子，也参加了黄金荣的开香堂大典。黄金荣写了一个拜帖，包了两根金条，独自一人步行来到李休堂下榻的六国饭店。

黄金荣一见到李休堂，便恭敬地将大红拜帖双手呈上。李休堂接过帖子，将黄金荣请到屋内，让他上座。但黄金荣说什么也不肯，一再请求李休堂先看看帖子。李休堂没有办法，只好打开帖子，只见上面写着"晚生黄金荣叩"，便摇头道："使不得，使不得，你我本是兄弟，怎么称起师父与门生来？不行的，万万不行的。"

李休堂说着硬要递还拜帖，黄金荣拒绝着，随即又将两根金条掏了出来，对李休堂说："我是巡捕出身，虽然现在在上海滩有些小名气，但也只会探案子捉人，其他的事情一概不懂。因为手下人起哄，才开了香堂，我坐上了'老头子'的位子，但我对帮会的事情一点都不知道，你是帮里的老人，是我的前辈，也是我的同乡，我今天真心诚意地来拜你为师，你一定要收下我这个徒弟。这两根金条就算作我拜师的进门礼吧，以后我会继续孝敬您！"

李休堂也是一个多年的老狐狸了，黄金荣的心思他自然能猜个八九不离十。于是，他笑了笑说："黄老板不必客气，你我是同乡好友，以后你的码头发达了，我也可以沾光。咱们沪杭两帮同心协力，一起打天下。拜师的事就算了，我比你大几岁，就做大哥吧，以后有什么事需要大哥帮忙的，尽管说，大哥一定鼎力相助。"

说完，便将拜师帖退给了黄金荣，在黄金荣的再三要求下，他收下了两根金条。黄金荣看时机成熟了，就开口求教道："大哥，你能给我讲讲这青帮是怎么来的吗？"

李休堂点点头，便将青帮的来龙去脉讲了一通，之后又将他这些年总结出的各种各样的做生意手段教给了黄金荣，最后说："黄老弟，你33岁就当了老头子，以后不要一味地将心思放在男人身上，要男女搭配，有了女徒弟，就可以另辟蹊径，这样才能赚大钱啊！"

黄金荣听后连连点头称是。他表面上沉着地笑着，实际上，心中已经想着自己成为"上海滩第一帮主"那一天的场景了。

>> 杜月笙进入黄公馆

流氓、帮会、黑社会的圈子中，主要依靠两种人，即门生和朋友，黄金荣也不例外。自从他成为老头子后，流氓瘪三纷纷前来投靠他，而黄金荣也因此得以扩展势力。他将入帮者分成门徒和门生两类。所谓门徒，是经过开香堂大典，拜过"老头子"的；所谓门生，是指没有经过开香堂大典，只是通过一个中间人，投一个红帖子，送上一份拜师金的入门者，但拜师

※ 杜月笙

金要比门徒高一倍左右。还有一种特殊的门徒，只要有帖子，有拜师金就行了，有时甚至可以不用见老头子的面，蒋介石就属于这一类门徒。

黄金荣是在1901年开香堂收门徒的，转眼过了十几年，期间中国的形势急剧变化，1911年辛亥革命爆发推翻了腐朽的清王朝，1912年，中华民国建立。到民国初年，黄金荣已经发展成上海最有影响力的人物之一，而在这10年间，他手下的杜月笙、张啸林也先后发迹。到了20世纪20年代，他们成为上海滩著名的"青帮三大亨"。这三个人的关系非常密切，在这里，我们很有必要介绍一下这两个人。

杜月笙于1888年8月22日出生在江苏省上海县高桥镇，比黄金荣整整小了20岁。因为生于阴历七月十五，所以父亲给他起名为月生，即中元节时所生，后来改为月笙。杜月笙幼年时父母双亡，舅父收留了他，13岁时，他就开始吃喝嫖赌抽大烟，而且样样在行，高桥镇的人看不起这个小混混，见着他就骂他，说他没出息，小瘪三。杜月笙在高桥镇实在是混不下去了，14岁时，他来到十里洋场的大上海，在十六铺的一家水果行里当学徒。因为恶习不改，整天和一些流氓歹徒混在一起，又嗜赌成性，很快就被水果店老板撵走了。之后，他不得不在十六铺一带过起了流浪生活。当黄金荣进入法租界巡捕房做包打听时，杜月笙还在洋泾浜混日子。靠着心狠手毒，头脑机灵，杜月笙很快就积攒了一点名气，手下还有了一批小混混，所以说，和黄金荣相比，杜月笙是正宗的青帮门徒。后来，在一个偶然的机会，他认识了"签子福生"陈世昌，并拜他为老头子。后来，黄公馆需要一个打杂的，陈世昌的门徒黄振仁就把他介绍给了黄金荣。杜月笙拜到黄金荣的门下是他一生的转折点。这一年是1907年，杜月笙还不满20岁。

这一天，杜月笙一大早就穿戴整齐，跟着黄振仁来到了八仙召同孚里中的黄公馆。当时，黄公馆中进进出出的流氓瘪三很多，黄金荣并没有太在意他，只是问了他一些基本情况，觉得他还比较机灵，就把他留下了。

杜月笙进黄公馆的目的就是要以此为阶梯将来好青云直上，因此他按捺住自己，暂时收敛那种浪荡习性，并察言观色，揣摩黄金荣和他周围那些重要人物的性格脾气、生活习性，投其所好。时间长了，黄金荣就开始注意到这个瘦削的年轻人了，让他做了跟班，每次外出，都要将他带上。即使是到浴池洗澡，也要他在一旁伺候。在外人看来，他简直是黄金荣老板的心腹，但他内心很清楚，自己只不过是一个跑腿的。

当时，杜月笙也没有任何工资收入，至少在1911年，杜月笙还是比较落魄的。后来，他意识到，要改变自己的命运，只能依靠自己。于是，他将其为人乖巧、机灵诡诈的本事充分地发挥出来。

紧接着，又发生了一件事，终于让老板黄金荣也对他另眼相看了。

有一年冬天，黄金荣过生日，按照以往的惯例，门徒等手下人都要准备好礼物前来祝寿，唯独缺少了杜月笙。黄金荣有些纳闷，就问手下人："杜

※ 沈月英，杜月笙的原配夫人，江苏吴县（今苏州）冶长泾河南张华村人。

月笙怎么没来呢？"有一个知情者告诉黄金荣："杜月笙这几天生意不太好（指没有抢骗的钱），跟着他的一些小弟兄没有伙食费，他把自己的衣裳拿到当铺去换钱了。没有衣裳穿，所以没有办法来祝寿了。"

黄金荣听了这些话，暗暗感叹：这个杜月笙还挺讲义气的，从此开始渐渐重用他。

杜月笙年轻机灵，又长得一副文弱的样子，不像别的流氓那样满脸横肉，耀武扬威的，一看就不是好东西，加上他做事很用心，黄金荣的老婆林桂生很喜欢他，赏识他。林桂生经常在黄金荣面前说杜月笙的好话："月笙这孩子蛮机灵的，做事用心，咱们得好好培养着。"

林桂生的枕边风很管用，加上杜月笙也确实很会做事，黄金荣也对他非常信任，不久黄金荣就将他派到十六铺去管理赌台，杜月笙把赌台管理得很好，收入增加了不少，黄金荣和林桂生眼看着大把的银子进入黄公馆，心里那个喜呀，对杜月笙更是另眼相看了。

看到杜月笙确实有本事，黄金荣又给他派了一些工作，比如向停泊在码头上的民船收码头钱，向花烟间、燕子窝和赌台收月规钱。杜月笙都不辱使命，最终取得了黄金荣的信任。黄金荣每次都将收来的钱分给杜月笙

※姚玉兰是京剧老生演员，后嫁给杜月笙。

一些。杜月笙的手头也渐渐宽裕了。

　　杜月笙在黄公馆的地位迅速蹿升，桂生姐经常找他为自己出主意，交给他一些重大的事情。黄金荣也将他当成自己的智囊，遇到什么重要的事情都要和他商量商量。杜月笙还帮助黄金荣扩大了在上海的烟土生意，打开了在英租界的门路，使黄金荣的势力锦上添花。杜月笙当然也得到了回报，在杜月笙进入黄公馆的最初10年中，黄金荣、林桂生夫妇对待他就像自己的儿子一样，就是在这位青帮大佬的提携下，杜月笙渐渐羽翼丰满，很快，就成为上海滩数一数二的人物。

　　1915年，在桂生姐的介绍下，杜月笙和沈月英结婚了。后来，1929年，杜月笙又喜欢上了黄金荣的荣金大戏院中的女须生姚玉兰，黄金荣知道后，又从中撮合，成全了他。杜月笙对黄金荣也是忠心耿耿，为黄金荣在上海打天下立下了汗马功劳。后来，杜月笙自立门户，而且和国民党上层人物建立了极为密切的关系，地位超过了黄金荣，但杜月笙始终把黄金荣当做自己的师傅，对他很敬重。

>> 张啸林加盟

"上海三大亨"之一张啸林,虽然排在三个大亨的最后一位,但他的故事和传奇并不比前两位少。

张啸林生于1877年6月14日（阴历五月初四），浙江慈溪人。他出生在一个偏僻的山村，家里很穷，父亲是个地地道道的木匠，张啸林10岁的时候，全家搬到杭州。当经济情况稍有好转的时候，他的父亲把他送进了私塾，父亲认为这个小儿子出生时就与众不同，将来一定会有出息，所以就想让他学学认字，但张啸林没心思学习，只对小偷小摸、聚众赌博感兴趣。他13岁的时候，父亲被他气死了，张啸林也只好退学了，到织造缎房当了学徒，但他依然游手好闲，不务正业，和一些小流氓混在一起。在他事业有成后，也依旧整天打打杀杀，和达官贵族格格不入。1903年，26岁的张啸林考入杭州武备学校，进入学堂后，他依旧恶习不改，最终没有毕业就离开了。但是在这个学校，他却与张载阳、卢永祥等人成为好朋友，这两人后来在军界都很有势力。正是因为这些人，使得张啸林有了强大的靠山，和一些军阀勾结在一起，成就了他在上海滩的神话。

1912年，当时上海公共租界青帮流氓季云青到杭州办事，结识了张啸林。他很佩服张啸林的侠义之气，就和他结为兄弟。后来，张啸林在杭州混不下去了，便来到上海谋生。在季云青的介绍下，张啸林到五马路满庭芳一带做事，同时，拜青帮"大"字辈、安徽人樊瑾丞为老头子，从此成为青帮"通"字辈成员。张啸林身材魁梧，凶狠毒辣，被下一辈的青帮门徒称为"张爷叔"。在上海稳定后，张啸林于1919年将全家迁到上海。

后来，张啸林发现十六铺码头进出的货物很多，认为这里有很多油水可捞，就来到这里打天下。在这里，他认识了杜月笙。两个人商定，在此地共同负责商船安全，平分保护费。

※ 张啸林

　　有一次，一伙广东流氓到码头争夺地盘，和杜月笙等人发生了一场恶战。双方在码头大打出手，刀棍横飞。杜月笙因身体瘦弱，不会什么拳脚，再加上对方是有备而来，结果被打得奄奄一息，码头也丢了。

　　在这紧急关头，张啸林带着弟兄们又冲杀了一个来回，才将杜月笙救了出来。他立即将杜月笙背回家中找医生诊治。当时张啸林没有钱支付医药费，就到典当行将自己的衣服当了。杜月笙知道后感动不已。不久，杜月笙的伤好了，他们再次来到十六铺码头，伺机报仇。这一次，张啸林发挥了他在武备学校学到的功夫，几番恶战，他们再次获得了码头的控制权。

　　这个时候，张啸林又认识了黄金荣，但是黄金荣认为他的身上缺乏一股英雄气概，不值得交往，所以两个人的关系比较疏远。

　　后来，上海新开河码头建成，来往的商人比较多，但因为上海稽征吏非常贪婪，这些商客都转到了张啸林另外开辟的一条通道卸货。稽征吏知道这件事后，非常生气，便找个理由将张啸林抓了起来。

　　张啸林的老婆娄丽琴听说丈夫被抓了，赶紧来找杜月笙。杜月笙召集了一帮兄弟，在当天晚上就把张啸林救了出来。

之后，这帮流氓又去找拘捕张啸林的外号叫"金狮狗"的稽查头目报仇。这还了得，张啸林犯了大忌，没法在上海待下去了，便再次回到老家杭州。

1919年8月，张啸林听说他的昔日好友张载阳当上了浙江省省长，就去投靠。张载阳不忘旧日之情，将他介绍给淞沪护军使何丰林。张啸林有了这个靠山后，便带着老婆再次回到上海，这时他听说杜月笙在黄公馆混得非常不错了，就找到他，让他把自己推荐到黄金荣的门下。

要说识人的眼力，黄金荣可远比不上杜月笙，此时，身为法租界的华人巡捕，黄金荣根本没看上张啸林。后来，为了争夺鸦片的提运权，张啸林和黄金荣的助手金廷荪等人发生了恶斗，这时，黄金荣才了解到张啸林和浙江省省长、督军卢永祥以及淞沪护军使何丰林之间的密切关系。他当然知道这些人的分量，这才下决心招来张啸林入伙，张啸林真正进入了黄家的大门，他和黄金荣的关系也进一步加深了。

1922年，黄金荣和卢永祥的儿子卢筱嘉之间发生了打斗，结果被何丰林的部队抓走了。后来经过张啸林和杜月笙上下打点，才将他救了出来。黄金荣这才取消辈分，和他们结拜为生死弟兄。到这时，黄金荣、杜月笙、张啸林这三个日后在上海滩兴风作浪的三大亨全部登场了，一个血雨腥风的上海展现在我们面前。

第四章
扫荡上海滩

>> 大烟、赌场、妓院一个也不少

黄金荣的身份是巡捕房的探长，是社会治安的维护者，但是，在法租界中，黑白同道，猫鼠共穴。在桂生姐的帮助下，黄金荣的财越发越大，心也越来越黑了。他很快就成了大烟、赌场和妓院的后台，流氓地痞的靠山。

可以说，黄金荣成为上海第一帮帮主是离不开桂生姐的帮助的，在关键时刻，她总是能想出合适的办法解决问题。

一次，巡捕房得知有一伙四川来的盗贼到租界行窃作案，黄金荣奉命追查，结果在抓捕的过程中受了重伤。桂生姐一面照顾他，一面说："这次真危险啊，差点就丢了性命！替洋人办事只能卖力，不能卖命。你就是送了命，也没有人念你的好。你要记住，好事要抢在前，没好处的就靠边落后。"

林桂生的确可以说是女中"豪杰"，为了帮助丈夫打天下，她又和老城厢的女大亨史金秀结拜十姊妹，从中学到了女人特有的那些白相人手段，自己也俨然成了一个女大亨。

※ 20世纪初,上海福州路上妓院、烟寮、酒楼比肩而立,吃喝玩乐一应俱全。

　　一次,林桂生怂恿黄金荣道:"你和郑家木桥的兄弟串通,自己作案自己办案,早晚会被人发现的。而且,出去捉人也要担一定的风险,根本犯不着。应该去办一些十拿九稳的案子,这样既能吃太平饭,又能享功劳。"

　　在巡捕房,林桂生说的这样的差使就是征收三捐:烟捐、赌捐和花捐。

　　当时,法租界当局也允许"燕子窝"、赌场和妓院的存在,只要它们定期交付一定的捐钱,就任由它们毒害人民。每个月,这些地方所捐的费用总数都非常可观,但是当局只将其中的百分之一作为奖励分给下属。

　　林桂生又给黄金荣出主意说:"马无夜草不肥,人无横财不富。单靠巡捕房分下来的'财香'怎么能发家呢?"

　　在她的提醒下,黄金荣决定要在烟土上大干一场,但就在这时,突然传来一个消息说,1909年宣统皇帝登基后,清政府和英、法在沪领事订立

※ 旧上海名妓乘飞艇的玉照（1913年）

了禁烟条约，在两年内要杜绝烟毒。

黄金荣听到消息，有些怅然若失，但林桂生认为根本就不会真的禁烟。

在此之前，中国并不种植大烟，不生产鸦片。但是在鸦片战争之后，毒品一拥而进入上海，"燕子窝"到处林立，从高官到贵戚，再到普通百姓，沉沦于烟毒中的人数以千万。他们一个个面色铁青弯腰弓背，骨瘦如柴，萎靡不振，直到倾家荡产。

光绪二十九年的《新闻报》上还刊登过这样的广告：

> 大土减价，每箱价银760两，每只26元。吗啡出售，狮马、白牌、绿牌、云水，新牌俱全。原箱出售，价格公道，恭请赐顾。

但是，法国租界当局为了征收烟捐，对这些非但不管，还给予保护。那么这一次的禁烟行动，清政府和英、法殖民者的真实目的又是什么呢？黄金荣决定要好好打探一番。

法国驻沪领事解释了条约的内容：禁烟是一项必要的事宜，公共租界分两年四期，法租界规定八个月四期，在规定的期限内将烟杜绝。至于采用何种禁止的办法，公共租界和法租界可以根据各自的情况采取不用的方式。

总监督问黄金荣："你是专门管收烟捐的，我们这里有多少燕子窝？"

黄金荣根本记不得具体的数字，就随口说了一个数字："有六七百个，比公共租界还多。这些都要禁掉吗？"他实在担心，如果将这些"燕子窝"禁绝后，他和弟兄们就会少了很多油水。

后来，总监督又吩咐说："不要一下子将'燕子窝'全部关门，我们法租界决定采取分批分期抽签的办法，抽中签的则限定在3个月内歇业。这件事就由你去办，每天都要将情况向我报告。"

黄金荣听了，心里不禁高兴起来，因为这个禁烟办法可以让他在短时间内捞到比烟捐多出上百倍的油水。

于是，他亲自出马，将法租界划分为几块，然后将所有的"燕子窝"老板都召集到一起，将总监督的禁烟办法向他们说了一遍。这些老板心里都很明白，晚上的时候，林桂生就收到了大笔的贿赂金。黄金荣将这些钱分成三份：一份分给了手下的弟兄，一份替总监督存进银行，剩下的一份则揣进了自己的腰包。到了抽签之日，平时那些交的贿赂金最少的"燕子窝"一定会中签，这样他们就不得不关门停业。所以，谁要想在最后一轮关门，谁就要交出最多的贿赂金。一次次抽签，一次次受贿，"燕子窝"越来越少了，但黄金荣等人口袋里的钱却越来越多了。

禁烟的第一个步骤还没有进行完，总监督又向黄金荣宣布了第二个步

※ 旧上海的主要鸦片交易市场在九亩地，图为"戒烟所"，实际是个"燕子窝"（即鸦片馆）。

骤："如果'燕子窝'全部歇业，巡捕房以后就收不到烟捐了，这样要损失掉19万银洋，这些钱是作为建设上海，为上海人民造福用的。为了弥补这项损失，我们要将房捐增加12%，这样可以获得13万银洋。'燕子窝'歇业了，但是那些贩卖鸦片的土行膏店并没有关门，他们每年的进账要比'燕子窝'多多了，在他们歇业之前，要给他们增加两成的执照费，这样就可以得到7万多银洋。加上增加的房捐，我们就可以获得20万银洋。"

黄金荣心里不禁暗暗佩服这些洋人的巧计妙算，当然，外国人在这里获得好处，他自己也要在暗里捞到一定的油水。

在林桂生的指导下，黄金荣立即到各家土行膏店，告诉店主可以介绍一些已经歇业的"燕子窝"的烟客来买烟土，但是他们增进收入后并不记账，不过自己从这额外的收入中收取一成。这样，上海烟民没有减少，土行膏店的生意也更加红火起来。

可是，土行膏店的兴隆又引起法租界当局的眼红，他们很快又采取了一个措施：在一段时间内，土行膏店也要关门，然后由各国在沪的洋行合开一家烟土专卖店，即洋药公司。土行膏店中所有的货物都要归公司所有，外洋运来的鸦片也只有公司才可以卖，名为真土。至于价格，则由公司自己定。

因为这个措施，很多外地的土商们为了逃避洋药公司的盘剥，暗中偷运，自此，私贩烟土盛行起来。

因为"燕子窝"歇业，土行膏店也逐渐关门，黄金荣的收入越来越少了，眼看自己的财路就这样断了，他不禁犯起愁来。林桂生看到后，便提醒他可以在私贩生意上做手脚。黄金荣眼前一亮，顿时有了主意，于是，从这以后，一起起抢土案件就接连不断在上海滩发生了。

近代以来，上海就是中国毒品贸易和消费的第一大都市，甚至是全球最大的毒品中心。鸦片是毒害中国人民的毒品，也是掠夺中国财富的工具，

※ 鸦片烟具

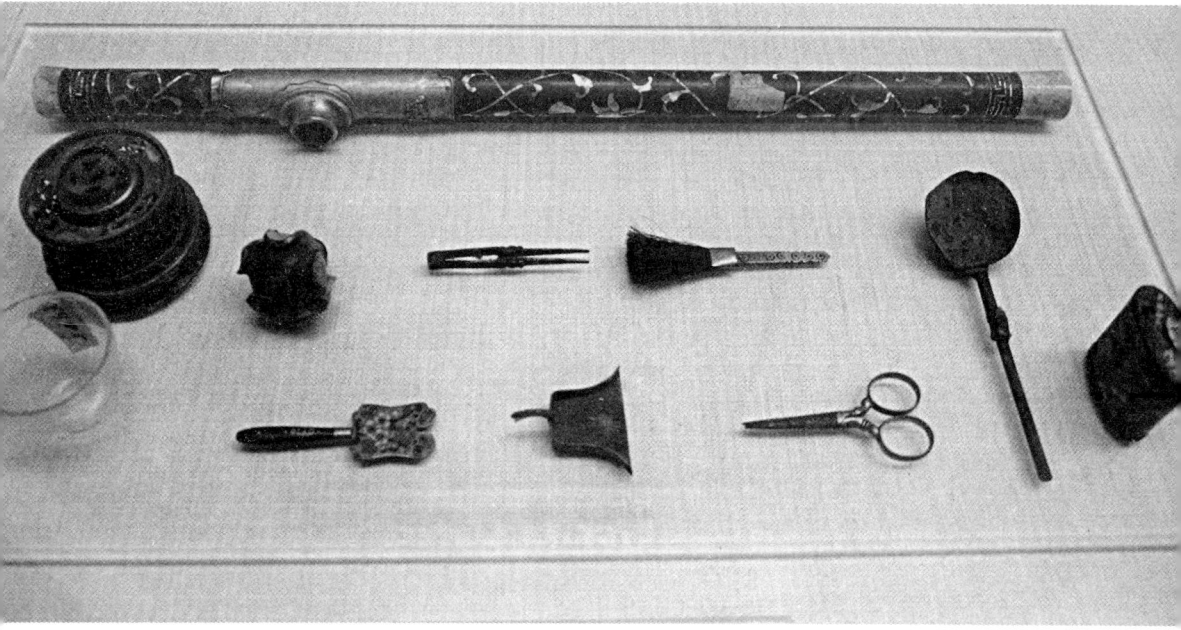

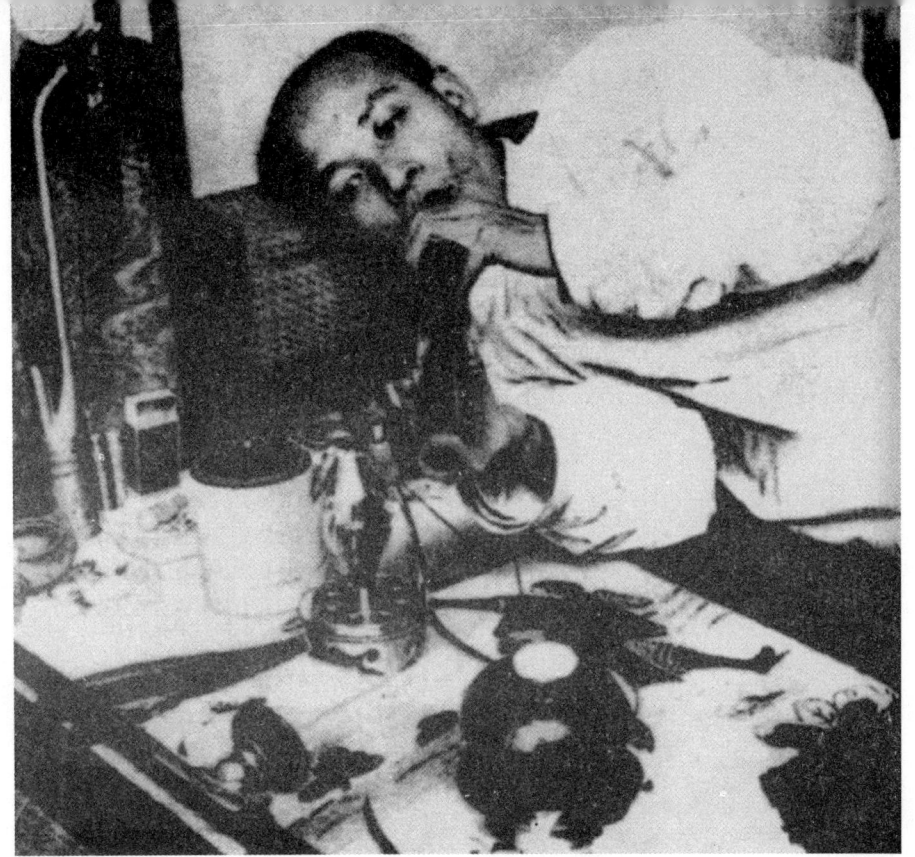

※ 抽鸦片的人

参与毒品贸易的人在贩运鸦片过程中获得了巨额利润。但是,抢土案件接连发生,使得法租界当局头疼起来。

因为法国殖民者曾和外国鸦片贩子私下达成协议,法国人收取运费,但首先要保证鸦片安全无损,如果被盗或者发生意外,军方要按照合约规定给予赔偿。为了使鸦片不受损失,法国总监督向军方头子提出了一个一举两得的方法,就是将鸦片交给中国人去包销,每箱鸦片给军方提取白银100两。这样,如果每个月有500箱鸦片运来,军方就可以收入5万两白银。法军头子听了,非常高兴,连连称赞这个办法好。

于是,有一天,黄金荣被告知,他可以开一个公司,专门给鸦片贩子包销鸦片,黄金荣想要的就是这个结果。很快,他便和法军头子签订了合约,其中有两个附加条件:一个是货到之日,必须先交货银然后提货;第二个是货卸到岸上后,由买家自己负责,如果发生意外,不得向法方提出交涉。

1924年，一个在上海闻名的毒窟——三鑫公司开张了。

之所以取这样一个名字，就是因为"鑫"字是由三个金字拼成的。公司成立后，杜月笙担任经理，负责掌管水陆码头，调动流氓打手；张啸林和范回春担任副经理，张啸林主要负责人际交往和疏通关系，范回春兼管财务。黄金荣做幕后的总老板。这样，黄、杜、张三个流氓头子各显神通，成为上海滩赫赫有名的贩毒集团的首脑，大发其财。

自从公司成立后，上海鸦片市场上一片太平，再也没有抢劫事件发生。三鑫公司一年的收入就有上千万。有人做过统计，1925年，中国国家财政总收入为2.95亿元，而三鑫公司的收入就相当于国家财政收入的16%，真可谓富可敌国。

三鑫公司将黄金荣等人的地位推到了最高峰。至于这个公司的具体情

※　三鑫公司办公处旧址

况，我们后面会有专门介绍。

黄金荣控制了鸦片生意后，并不满足，在赌场、妓院、浴池等方面，他也要插上一手，当时上海有名的赌场、妓院等，都和黄金荣有一定的联系，通过这些罪恶生意，黄金荣敛财无数。

法租界的赌场经常遭到黑道的打劫，有时还会受到巡捕房的冲击。黄金荣当上探长之后，便和赌场老板私下里达成了一份协议，由黄金荣负责维持秩序，阻止黑道对其敲诈。而巡捕房方面，黄金荣也与之约定：只捉"前场"，不碰"夜场"。白天，黄金荣让他手下的一些兄弟充当赌台的客人，如果被巡捕房抓去，很快就会被放出来。而真正的大赌客则选择在夜场去玩，保证万无一失。这样的"约定"，不但可以保持租界良好的"秩序"和"声誉"，也可以促进赌业繁荣发展。当然，黄金荣和捕房每个月都要向赌场收取大笔的"保险金"。黄金荣是最大的受益者，不但得到了实惠，还赢得了好名声。所以，法租界的大部分赌场都希望以黄金荣为后台老板。

除此之外，黄金荣和他的一帮弟兄们还直接开办赌场。他依靠法租界巡捕房的权势，一旦发现合适的地点就让手下去交涉，软硬兼施，所以很少有办不成的。

而那些赌场平时都是由他的那些弟兄们看守着，如果遇到什么麻烦，必要的时候可以请巡捕房出面，只要每个月给巡捕房一部分赢钱就可以了。很快，他就在生吉里、保裕里等地开设了几家赌场。其中最为有名的一家叫"商州乐园"的赌场，位于四马路和西藏路交叉的一条里弄里，是一座三层楼建筑，一楼是为下层社会人士准备的牌九和扑克牌场等，二楼是洋式的轮盘赌场，三楼则是大财主们玩的麻将场。"商州乐园"赌场戒备森严，门口有彪形大汉把守，楼内每层都设有几个流氓，日夜巡逻，赌客们在这里可以放心地豪赌。

黄金荣在一些赌场中还占有一定的股份，比如陈世昌创办的公兴赌场，

※ 19世纪20年代的跑马厅，已然成了大赌场、销金窝。

设在宝兴里，在黄金荣的管辖范围内，因此黄金荣在其中占有一部分股份。

妓院在当时也是一个非常赚钱的行业，黄金荣自然不会放过。

当时的法租界允许妓院在租界存在并营业，但是要交纳一定的花捐。1891年，法租界中有200多家妓院，将近3000个妓女。到1920年时，这个行业又有了更大的发展，英、法租界中的妓女高达6万多人。《申报》曾做过统计，在伦敦，每960人中有1个妓女；在柏林，每580人中有1个妓女；在巴黎，每481人中有1个妓女；在东京，每250人中有1个妓女；而在上海，比例最高，每130人中就有1个人是妓女。

妓院一多，麻烦也就多了。要想立足，就必须在帮会流氓或者巡捕中找到有权势、有地位的后台做靠山。这样，如果有地痞闹事，后台就会派人平息；如果违反什么禁令，后台就会想办法缓解；如果后台过硬，就会畅通无阻。于是，如日中天的黄金荣便成了这些妓院首选的后台。而这些

※ 图为旧上海四马路会乐里的娼妓集中地。

妓院之间为了争生意，经常发生斗殴事件，洋人对这类事情无法管理，自然希望找人专门管理，承包花捐税收。黄金荣立即主动将这件事接了下来，他派手下到处去敲诈勒索，除了花捐外，他还能想办法另外捞上一大笔钱。因此，自清末起，黄金荣在娼业中俨然成了一尊"门神"。

另外，他还指使自己的门徒们自己开妓院，但须在每个月底或年终时送给师父一些红利。

不仅如此，他还调动巡捕房的华捕，对所有的妓院进行检查、罚款。他的门徒很多，这些门徒经常打着他的旗号对各个妓院进行敲诈，胡作非为。妓院老板都害怕黄金荣的权势，不敢得罪，不但要如数上交花捐，还要用钱去孝敬他和他的徒弟。

开浴池也是一个不错的赚钱行业。上海的气候闷热潮湿，大多数人都喜欢去浴池洗澡。黄金荣为此也开设了两三家浴池，不但方便了自己，也赚了不少钱。

黄金荣最早的产业之一就是日新浴池，这个日新浴池有两层楼，一楼是澡堂，二楼是茶馆。后来，黄金荣觉得在这么个黄金地段，只开个澡堂茶馆太可惜了，便将其改建成了黄金大戏院。

后来，黄金荣为了扩展势力，更方便自己，便不断地将他的一些徒弟、徒孙以及同道流氓等引荐到巡捕房，结果是，"匪"变成了"警"，"警"变成了"匪"，法租界的巡捕房很快变成了警察与流氓共舞的场所。

>> 捕快培训女强盗

黄金荣通过控制租界内的烟、赌、娼获得了大笔财富，势力也扩展了。但他始终记得青帮头子李休堂对他说的一番话，那句他"必须得有一个女门徒"更让他记忆深刻，感触颇深。他总想着自己的身边能有几个色胆俱佳的女人帮他做事。后来，他居然找到了这么一个机会，趁机收了两个女徒弟。这还要从一件大案说起。

一天晚上，黄金荣坐在同孚里的黄公馆中抽了两袋大烟后，便准备上床睡觉。这时候，仆人进来报告说，"签子福生"陈世昌找他有事商量。黄金荣一听陈世昌深夜来访，知道一定有重要的事情，便告诉仆人，让他到客厅等会儿，自己马上就下来。

不一会儿，黄金荣从楼上下来，看到陈世昌坐在客厅中，除了他之外，还有一个人。还没等黄金荣开口，陈世昌就赶紧起身道："阿荣老弟，这么晚了还来打扰你……"黄金荣没等他的话说完，就说："大哥说的是哪里话，有什么事尽管说，只要我能办到的，绝没二话。"

陈世昌听到这话后，才将身旁的那个人介绍给黄金荣。这个人姓赵，是个富商，在武汉做丝绸生意。前段时间，他的儿子带着十万元巨资来到上海购买绸缎。这位赵公子平时最喜欢寻花问柳，这时来到这个大都市，肯定要游逛一番。有一天，他遇到两个姿色艳丽的女子。他本来就是一个好色之徒，现在见到这两位美女，早就神魂颠倒了。

这两个女子似乎是有意无意地看了他几眼，这位赵公子禁不住诱惑，便跟在她俩后面。两个女子似乎并不在意他跟着，依旧有说有笑地走着，这时，其中一个女子突然掉了一块绣花手帕，赵公子见了急忙跑上前去捡起来，喊住两个女子，趁这机会，他和女子攀谈起来。两个女子名叫映红和艳红，是姐妹俩。赵公子也将自己的家底身世和盘托出，并约她们在第二天晚上到天蟾舞台看戏。

第二天晚上，两个女子如约前往。一来二去，三个人就熟悉了，他们整天见面，游山玩水，非常亲密。后来，赵公子便租了一间房子，和她们同居起来，将购买绸缎的事情抛到了脑后。

突然有一天，他接到老家的一封电报，说父亲病逝了，于是他立即收拾行李准备回家。这姐妹俩也帮他一起打点，将剩下的5万元银票锁在他的皮箱中。

赵公子到家后，发现父亲还健在，大吃一惊，才知道电报是假的，他急忙打开皮箱，发现5万元银票已经没有了，这才知道自己上当了。

父亲赵老板没有办法，只好找到陈世昌帮忙捉拿，于是，陈世昌将他带到了黄金荣这里。

黄金荣听完，心中已经明白了一大半，但是他不能白白帮他做这件事，就坐着没有开口。赵老板看了，心领神会，拿出两个金条作为酬谢，还说，如果钱票追回，一定重谢。黄金荣这才告诉他，3天之内一定帮他将钱找回。

果然，第三天晚上，当陈世昌和赵老板再来黄公馆时，黄金荣便把银票交给了赵老板。自然赵老板又送给黄金荣一笔钱，这件事就算了了。

黄金荣没费吹灰之力就把这件案子办了。因为对他来说，法租界的地痞瘪三等都非常熟悉，只要案子一出，他大致就能猜出是谁干的。即使是外地人来作案，他只要吩咐一下手下，案犯也很快就能找出来。重要的是，他借着这个案子，还将艳红和映红姐妹俩收到了自己的门下，这才是最大的收获。

当时，黄金荣找到映红姐妹俩，向她们透露了自己想收她们为徒的想法。没想到，姐妹俩却说，她们是义父高飞鸿养大的，什么事情都要听义父的，如果他同意了，她们很愿意靠着黄金荣这棵大树。黄金荣听说后，又利用手下人演了一番苦肉计，最终迫使高飞鸿答应了他的要求，而且高飞鸿本人也投到了他的门下。

黄金荣非常高兴，他终于有女徒弟了。从此，他有了靠女人打天下的资本。这时，他脑中又出现一个想法，要建立一支女人队伍。

经过一段时间的准备，高飞鸿父女很快就在肇嘉浜与法华泾汇合的湾子边建立了一所"放生、勾引、盗窃"学校，专门培养"人才"，这所"学校"的学生全部是女孩子，年龄基本上都在十三四岁到十七八岁，且都是经过精心挑选的，有的是被买来的，有的则是被拐骗来的。

几个月下来，经过悉心培训，一支队伍初具规模。

一天，一辆小汽车停在了学校门口，车上下来的人正是黄金荣。他走进房间，看到映红便问："你们准备什么时候开市？"映红听后笑着说："黄先生，开市还要过几天，因为还有几堂课没有上。"接着她向黄金荣展示了自己精心训练的"成果"："黄先生，我们有六七个小姑娘经过严格训练，已经成为空空妙手，可以独立'操作'，还有七八个稍微逊色一点。但是，她们都是穷人家的孩子，对上海茶楼、酒馆、店铺和戏院等都比较生疏，必须有人开导一下。我们决定邀请你来亲自给她们讲一讲。"

※ 汇中饭店旧址今貌

  黄金荣不便和那些女子见面，于是将上海茶楼饭店的发展和布局大致向映红她们介绍了一下，再由她们讲给那些女子听。

  在黄金荣的幕后操纵和指使下，映红姐妹和她们的学生们一起做了不少案子。

  一次，光绪皇帝的兄弟载沣亲王准备到德国柏林，需要到上海乘坐海轮。载沣一行人下榻在公共租界的汇中饭店，在三楼包了五个大套间，亲王自己住在中间，总管住在最边上的一间。黄金荣得知消息后，立即告诉映红和她的义父。几个女子没费什么力气就将总管锁在大箱子里的几件宝贝弄到手了，然后交到了黄金荣的手上。

  几天之后，法租界巡捕房总监督过生日，黄金荣从中挑选了几件送给他作为生日礼物。不知道是不是礼物的作用，很快黄金荣就获得了一枚银质宝星章，而当时在华捕中，只有黄金荣一个人享此殊荣。

>> 为钱财丧尽天良

在上海滩的流氓大亨中，黄金荣爱财是出了名的。他在法租界巡捕房做事多年，利用一切合法和非法的手段聚敛财富。他通过受贿、贪污、敲诈、勒索以及经营鸦片行业，很快积累了巨额财富。

1917年，黄金荣荣升为淞沪护军使衙门上校督察，成为当时法租界中一个显要的人物。担任法租界总监翻译的曹显民，原本是法租界第一流红人，此时对新蹿上来的黄金荣，也不得不和颜悦色、另眼相看了。黄金荣势力越大，就越想置办更多的产业。他对任何一个发财的机会都不会错过，很快，他又看中了上海老北门城外开设的一家迎仙舞台。

这家迎仙舞台戏院的老板是一个叫胡贵庆的上海人。他把所有的积蓄都用在了这座戏院上。戏院刚建成初期，来看戏的人不少，他的确赚了一些钱。但后来，情况就有了变化。虽然演出时座无虚席，但是其中只有一半人出钱买票，剩下的都是一些披着老虎皮的军警和地痞流氓。这帮家伙大模大样地进入戏院占座白看戏，有时还要吵闹场子和寻衅斗殴打架。

胡贵庆为了阻挡这伙人来观看白戏，迫于无奈，将当时在上海商业界和流氓帮较有声望的虞洽卿邀请出来做了戏院的挂名老板。胡贵庆本来想着虞洽卿出面后，就会将那些人吓走，戏院的收入会增加一些。让他没想到的是，虞洽卿接管戏院后，不但没有驱走这些三教九流，反而让戏院更加难以为继。原来虞洽卿将他的一些手下安插到戏院内做事，人浮于事，支出浩大。

这样，胡贵庆的债台越筑越高，连戏院破了也没钱修。虞洽卿虽然做

※ 上海兰心大戏院今貌

了挂名老板，却不肯给他出钱。为了早日摆脱困境，胡贵庆找到了曹显民。

他想，曹显民在法租界人脉广，可以托他代为物色一个既有财势、又有派头的人物，早点将戏院盘出去，这样不但可以摆脱目前的困境，还可以多得些盘费。

在法租界做事多年的曹显民自然知道，要在此地开戏院、浴室、茶馆和旅社，没有后台是不行的。特别是开戏院，如果没有强硬的人在后面撑腰，流氓地痞、看白戏的事情肯定会经常发生，这样亏本是必然的。

曹显民答应了胡贵庆的请求，他首先想到的就是黄金荣。当天晚上，他就来到黄金荣的家，将这件事情告诉了黄金荣，并说："那戏园子前途不错，只是没有强硬的后台，如果你盘过来，那就不一样了。"

黄金荣一听，非常高兴，随即与曹显民约定第二天下午到聚宝茶楼面谈此事。

※ 老上海时的茶楼

第二天下午，在聚宝茶楼里，曹显民将胡贵庆介绍给了黄金荣。黄金荣向胡贵庆询问债户和欠款金额，胡贵庆回答："积欠地租费、土木费、柴米、杂工俸金和借款等总共大约5000元。债主每天都在催索，无法再宽期了。"

黄金荣笑道："好，你明天把所有的债主都叫到这里来，我来跟他们说。至于出盘的契约，你回去请人写好，明日同来当面画押过户。"说完，就和曹显民离开了。

第二天，依旧是聚宝茶楼，所有的债主都到齐了。黄金荣让他们在外面等候。这时，胡贵庆拿出拟好的契约交给黄金荣。黄金荣认为内容还可以，就让胡贵庆签字画了押。之后，他才将债主们叫进来，对他们说："胡老板因为经营不善，亏本太多而无法偿还，现已将戏院盘给我了。对于他欠你们的债款，也由我来负责，你们就找我要钱吧。"

听到这番话，债主们都非常吃惊：找黄金荣要钱，那不是太岁头上动土吗？没有办法，这些人只好灰溜溜地离开了聚宝茶楼。

黄金荣接手迎仙戏院后，对它进行了一番修饰，还将该戏院的旧执照向法租界掉换了一张新执照，并将其改名为"共舞台"，之后很快就重张开业了。从此，再也没有出现过打架闹事、看白戏的现象。

过去的戏院，正厅中有"官厅"，花楼上有"包厢"，而这两个地方都是有钱的阔佬们独享的座头。茶房们见到这些有钱的阔佬来了，都要打躬作揖，将茶备好再恭送过来，另外还有水果、瓜子等小吃。阔佬们享受了这种特殊服务，便要加倍给茶房"小费"。

在大戏院，还有一种叫"按目"的人，专门替看戏的阔佬买票送票。他们手中握着"官厅"和"包厢"的戏票，一旦发现有坐着汽车或者马车的人来了，就立即迎上去，百般奉承。这样，阔佬们不用自己亲自去买票，就可以有上等座位，当然他们需要掏出成倍的价钱，另外还要付给他们几块银元作为额外的赏钱。所以在当时，戏院中的茶房和按目可以说是比较有油水的职业。但要获得这两个职业并不容易，首先要有一个比较有面子和有财势的人推荐，其次还要自己倒贴一些押金，才能和戏院签订一年或者半年的合同。戏院老板则对外公开招标，那些押金多的人便可以获得这两个职位。所以，仅在这一项上，黄金荣就捞到了很多钱。

黄金荣经营共舞台大约5年，赚了很多钱。后来，共舞台所在的这块地卖给英商沙逊地产公司建造房屋。当时，共舞台周围的房屋都已经拆除了，只有共舞台还在营业。沙逊地产公司知道这个戏院的老板是黄金荣，很不好惹，于是就找人去和他商量，结果是沙逊地产公司拿出一笔非常可观的补偿费，黄金荣才将这块地卖了。

黄金荣独占了戏院之后，尝到了甜头，很快就将魔爪伸向了下一个目标：聚宝茶楼。

这个聚宝茶楼的老板是上海人，叫史少卿，一生辛辛苦苦维持着这个茶楼，生意还不错。当时的法租界有条大马路，聚宝茶楼就位于这条马路中段东新桥的十字路口，距离麦兰捕房也不远。茶楼两边都是店面房子，当中有一架大楼梯，登上去便是茶室。楼上有五间茶室，窗户三面临街，内部装饰全新，座位舒适宽敞。

为了招揽茶客，史少卿还特意在楼厅中间搭了一个小戏台，专门邀请本地的艺人每天过来说唱。聚宝茶楼有了这班艺人的配合后，生意更加红火了。

黄金荣看到后，更加眼馋，决定将其占为己有。这一次，他决定施展"装榫头"的方法来霸占它。

所谓"装榫头"，就是在店中打架斗殴，然后让老板害怕，主动将位子让出来。他精心策划了一番，没过几天，聚宝茶楼就来了一大帮地痞流氓，刚一上楼，就开始大骂，之后这些人又大打出手。顿时屋内桌破椅断，杯盘狼藉，更严重的是还死了6个人。

史少卿看到这一切后吓坏了，特别是在他的茶楼中出现了人命，这可是让他吃不了兜着走的事情。无奈之下，他只好找人到黄金荣那里说情，请他庇护。黄金荣自然是非常高兴，他立刻对外宣称，茶楼中有一半的股份是他的，如果有谁敢来捣乱，自己肯定不饶。果然，从此之后再也没有流氓敢到这里来滋事。而史老板自然也要送上那一半的股份，黄金荣笑着说道："为了保聚宝楼永远平安，我看我们巡捕早晨的聚会就到你茶楼上来开吧。"这样，聚宝茶楼就成了法租界巡捕的聚会场所。

就这样，一个"榫头"就使得黄金荣不花一分钱得到了他梦想的东西。黄金荣在晚年时期回顾这段经历时承认说：

> 在租界时候，巡捕房是外国人专制管理的，租界里的百姓，因为我是巡捕房的包打听，百姓认为包打听有法子与外国人接近，讲得上话，所以卖烟土、开赌场的人都来和我商量，托我去运动法国头脑求太平，等事情成功后，他们送些钱来谢我；还有一辈

子做生意的人，因为怕被人欺侮，也托人介绍拜我做先生，希望能靠我的情面不被人家欺侮。但是其中难免有行为不好的人，或是外面的人时常借我的名气，在外面讲斤头，做不好的事情。我在旧法大马路聚宝楼做茶会间，用了不少伙计，在外面打听盗贼线索与行动，每天在茶会间报告我好去破案。

当然，黄金荣的这段话是避重就轻了，当时他可是一个人人都想巴结的人物。仅仅通过这两次的事情，黄金荣的手段和霸气就已彰显无遗。

当时上海戏院中经常会演一出名叫《庵堂相会》的戏。这出戏讲述了一段浪漫而凄美的爱情故事。

> 传说清朝时期，有一个名叫陈宰庭的书生借住在一个叫"保安司徒庙"的庙宇里。有一年清明，一位豪门大家的千金小姐金秀英来到庙里上香，正好碰到了仪表堂堂的陈宰庭，结果两人一见钟情，私订终身。
>
> 但是，金秀英的父母因为陈宰庭只是一个穷书生，地位悬殊，便竭力反对。金秀英为了自己的爱情，和封建礼教进行了顽强的斗争，终于冲破了家庭的阻挠，有情人终成眷属。

这台戏在保安司徒庙中一上演，就受到广泛欢迎，成为长久不衰的好剧目。而这个可歌可泣的故事更是感动了很多年轻人。特别是那些生活不理想的女子，包括一部分妓女，都会经常到这座庙里来上香，希望自己也能像金秀英一样，遇到一个如意郎君。

黄金荣得知这些女人的心态后，便利用妓女天真幼稚的心理，又策划了一次赚钱行动，上演了一出丧尽天良的大戏。

当时，上海滩有一个名妓名叫漱玉，她身材苗条，肤如凝脂，温柔可爱，又多才多艺，是上海滩妓女中的头牌。上海的高官富商竞相上门，她的身价也急剧上升。几年下来，她的手中就有了几十万元的积蓄。

在漱玉的内心中，一直希望能找一个心仪之人可以将她带离苦海，所以经常到庙里烧香拜佛，希望佛祖能早点了她的心愿。

一天，妓院里来了一个青年男子，英俊潇洒，风度翩翩，漱玉一看到他就心生好感。他自我介绍说他的父亲是某公司的董事长，他这些年一直没有中意之人，听说漱玉色艺俱全，便慕名而来。如今一见，果然名不虚传，因此愿意和她结为终身伴侣。

漱玉对他也是一见钟情，不禁心中暗想：这庙里的菩萨还真灵啊，认识这个人，也不负我天天去烧香了。此时，她感觉自己就像仙女一样。

没多久，这位"富家少爷"就给妓院老鸨一笔钱，将漱玉赎出来了。漱玉非常高兴，带着自己的行李和平时积攒的一大箱金银珠宝跟着他住到了南京路外滩的一个饭店里。一个多星期后，这位"富家少爷"对漱玉说："我整天担心你的那些金银珠宝、翡翠玛瑙，放在这里太不安全了，还是放在我父亲公司的保险库中，那里比较安全。"漱玉没有多想，立即就答应了。

可是，第二天，这位"少爷"带着她的珠宝走后，就再也没有回来。她正在胡思乱想之际，饭店的人员敲门进来递给她一个结账单，让她结账。她接过来一看，360块大洋。直到这时她才知道，自己受骗了。

一个天寒地冻的雪夜，人们在南京路的一座大厦的屋檐下发现了漱玉的尸体，在她的手里，还紧紧攥着从庙里求来的上上签。

其实，那个"少爷"正是黄金荣派去的，名叫顾玉书。他想投靠黄金荣，便拿着这个作为"投名状"，黄金荣就这样又得到了一大笔财富。

第五章
政治资本是必要的

>> 破获宋教仁被刺案

黄金荣在法租界巡捕房干了30多年,亲自侦破或者指挥侦破的案件不计其数。但他一生中有两件他自认为最为得意的杰作,其中之一便是他只用了3天的时间就将暗杀中国国民党代理理事长、前农林总长宋教仁的凶手——武士英逮捕归案。

宋教仁,字遁初,号渔父,湖南桃源人。他在少年时就以文学知名,并且萌发了反清思想,练就了"文不借笔,武不借刀"的本领。

※ 宋教仁

中日甲午战争中,腐败的大清王朝被日本打败,13岁的宋教仁痛哭流涕,悲愤赋诗:"要当慷慨煮黄海,手挽倭头过汉关。"

张之洞做鄂督时,宋教仁被选拔到武昌普通学校学习。在校期间,他曾与吴昆、田桐等共同宣传革命思想,反对无能的清政府。因为他们的思

※ 中国同盟会成立时的情景再现（蜡像）

想影响越来越大，校长纪湘澜竟将他开除了。于是，他和吴昆等人留学到日本，当时正值孙中山游历日本，宋教仁主动和他接触。孙中山对宋教仁的才能非常佩服，鼓励他和黄兴、汪精卫、胡瑛、张继等人组织留学生同盟会，并主办《民报》及《二十世纪之新支那》等革命报纸，在日本大力宣传革命思想。

很快，宋教仁等人就发现，在日本宣传革命，力量太小，而且收效甚微，于是，他们决定回国去扩大革命力量，号召中国人民联合起来共同反对清政府。但是，他们回国后，必须秘密从事这项工作，因为当时的清政府在很多地方都建立了秘密哨探，只要发现革命党人就抓起来。艰苦地工作了一段时间后，宋教仁的革命据点被发现了，白逾桓被捕，宋教仁等人被迫逃往上海。

到了上海，宋教仁积极地投身于新闻事业中，创办了《民主报》，长

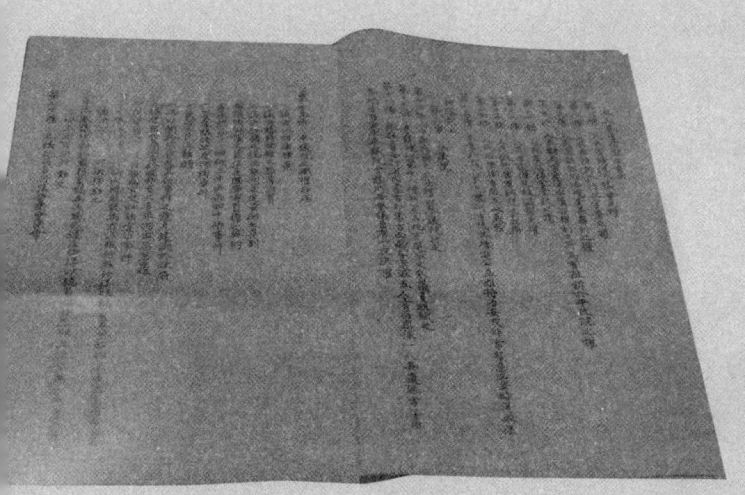
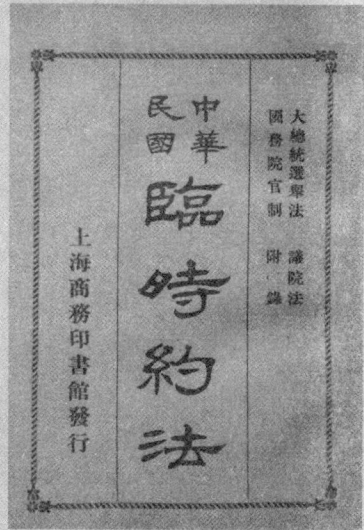

※ 《中华民国临时约法》

期在报上刊登文章，他的犀利的笔锋和进步思想很快被大众所接受。

宋教仁是一个天才的政党活动人物。他年轻气盛，能说会写，不仅是一位天才的演说家，而且还是一位出色的政治家，他经常用"桃源渔父"的笔名在报上发表政见。著名的《临时约法》就是他在一夜之间一手草成的。

中华民国成立后，他担任国民党代理理事长，兼中华民国农林总长。他的政治手腕也极其敏捷，南京临时政府成立后，他率先主张实行责任内阁制，以此制衡大总统的权力。可以说，在政治谋略上，宋教仁实际上超过了孙中山；在深谋远虑方面，又远非黄兴所能比。他想在国会里争取多数，以达到制约袁世凯的目的。为此，他对国民党进行了改组。

经过他的努力奋斗，1913年2月，国民党在选举中大获全胜。为此付出巨大努力的宋教仁，一下子成为全国瞩目的人物。他兴高采烈地在上海

※ 袁世凯（1859—1916）

活动，准备组织内阁，就任国务总理，和袁世凯进行角逐。与此同时，袁世凯却感到后背一阵阵发凉，他感到以宋教仁为首的国民党人将是他通往独裁之路的最大威胁，遂决定收买宋教仁。

有一次，袁世凯见到宋教仁，言辞恳切地说："遁初，你革命这么多年，现在又是内阁农林总长，还穿着这件旧棉袍，实在不应该，这套衣服送给你吧，还有这张50万元的银行支票，你先用着，不够了，还可以增加。"宋教仁坚决不收，在袁世凯的百般劝说下，才勉强收下了衣服，那张支票他则坚决退回了。金钱和高官不能收买宋教仁，袁世凯便决定用暗杀的手段除去这个心腹之患。

在宋教仁游走上海期间，袁世凯多次来电，催促宋教仁和几位国会议员快点北上，"共商国是"。

1913年3月20日晚上10点多钟，在国民党领袖黄兴、廖仲恺、于右任和吴铁成等人的陪同下，宋教仁从寓所急匆匆地抵达北火车站。他要搭乘当晚10点45分的列车到南京，然后转乘津京路车由天津到北平，参加重要的国务会议。

就在宋教仁临行之前，上海已纷纷传言，有人要阴谋加害宋教仁。宋教仁本人也多次接到恐吓信。陈其美曾对他说："遁初，你不要掉以轻心，小心他们会用暗杀手段对付你。"宋教仁放声大笑，说："只有我们革命党人会暗杀人，哪里还怕他们来暗杀我们呢？"他坦然地说："我一身光明磊落，平生既无夙怨，也无私仇，光天化日之下的政治竞争，怎么会有这种卑劣残忍的手段？我料想不同党派及官僚中人，未必会用此手段，不过是谣言。况且我们的事业刚刚起步，我又怎能轻易放弃自己的责任呢？"

预料之中的悲剧还是发生了。

离开车还有5分钟的时间，几个人和宋教仁步出休息室，缓缓向检票处走去。这时，一个头戴鸭舌帽的刺客手持手枪冲出来，对着宋教仁的肚子"砰"地就是一枪。

宋教仁痛苦地用双手捂住肚子，跌倒在地，同时，悲愤地向黄兴等人叫道："我中弹了！"顿时，北站人声鼎沸，秩序混乱。刺客趁着混乱之际逃离了现场。

宋教仁立即被送到老靶子路沪宁铁路医院急救，但是因为伤势过重，于22日死去。

宋教仁被暗杀的消息传出后，全国都震惊了。袁世凯先发制人，诬赖沪军都督陈其美是刺杀宋教仁的凶手，企图嫁祸于人。实际上，陈其美和宋教仁是很好的朋友，他得知宋教仁被杀后，异常悲愤，立即组织人马对惨案进行调查。

他和黄兴还发布了一份公告：

> 此案发生虽在内地，难保该凶手不藏匿租界，应请执事严饬得力探捕，加意侦缉。如能拿获正凶，澄清全案，准备赏银一万元，以为酬劳。

※ 陈其美（1878—1916），字英士，浙江湖州人。

沪宁铁路当局也拿出 5000 元的赏金捉拿凶手。

陈其美首先想到就是黄金荣，他觉得黄金荣人脉广，有能力，于是他将破案的重任全权委托给了黄金荣。黄金荣自知责任重大，不敢怠慢，立即在上海布下天罗地网，准备大干一场。

3月23日，上海民众为宋教仁送殡，沿途街道站满了悲伤的市民。黄金荣带领手下的人全部出动，随行保护。后来，黄金荣回忆说：

> 当时还有这样一个插曲，大出殡必须经过法租界，而送殡行列中便有陆军混成旅和海军的全体官兵，租界当局规定中国军队不许进入，因而形成了僵局。
>
> 没办法，只好找到租界头目据理力争，因为自己在租界的特殊地位，才允许破例，只是不能携带军械。

当天晚上，黄金荣刚准备睡下，手下人却进来向他报告说，英租界刚刚给法租界巡捕房打电话，说是在湖北路迎春坊妓女李桂玉的家中抓到了一个叫应桂馨的人，好像和宋教仁刺杀案有关。

应桂馨，宁波人，青帮"大"字辈流氓，是个有奶便是娘的无耻之徒，当时担任江苏驻沪巡查长。因为他的住宅位于法租界，所以英租界巡捕房立即电告法租界，应该派人到他家里去搜查，或许能找到一些线索。

黄金荣得知这一消息，立即带上五六名巡捕，连夜赶往应桂馨位于徐家汇路文元坊北弄2号的住宅。这栋住宅有三层楼，门口挂着"江苏巡查长公署"和"共进会"两个牌子。黄金荣吩咐手下人将宅子全部包围起来，然后才敲门进去，命令所有人不准走动，等候检查。

随后，程子卿等人开始搜查，但结果是与宋教仁案子有关的线索一点都没有找到，这让黄金荣非常着急。

这时，和他们一同搜查的国民党上海交际处处长周南陔对黄金荣耳语了几句，黄金荣点点头，只见周南陔向软禁女眷的房间走去，此时应桂馨的几个老婆已经哭成一团。

周南陔进去后，告诉她们说，不要害怕，她们很快就能出去了，自己是应桂馨的好朋友，在巡捕房做事，刚刚应桂馨已经交代他，让他将一些秘密文件转移走，否则如果让巡捕房搜去了，他的命就难保了。在他的连哄带吓下，终于有一个小妾走出来说，她知道秘密文件放在哪儿。说着，就走到一个屋角，拉开一块活动的地板，从中取出一只小箱子交给了周南陔。周南陔立即将箱子交给了黄金荣，黄金荣打开一看，策划暗杀宋教仁的文稿、信笺、密电码本等证据悉数都在，还有政府总理赵秉钧和部下洪述祖写给应桂馨的信件和电报，上面还有秉承总统袁世凯的旨意，要他执行行刺宋教仁命令的详细内容。

获得这些证据后，黄金荣又在想，那个直接实施杀人的武士英会不会在这里呢，于是，他随口问了一句："谁是武士英？"没想到，话音刚落，就有人答道："有！"小个子武士英可能是过分紧张才这样的，他像一个

※ 赵秉钧（1859—1914）

出列的士兵，站得笔直。

但很快，他就意识到这一个"有"字已经将自己暴露了，于是，立刻蹿出客厅想翻墙逃跑。黄金荣立即拔腿追了出去。

客厅的后面有一条长长的走廊通往厨房，厨房后面就是高逾丈许的后墙。武士英准备从这里翻墙逃跑，他刚越墙跳到地上，准备起身时，随后赶来的黄金荣立即纵身向下一扑，将他压在了身底。武士英的被擒，为揭开宋教仁被刺案奠定了基础。

随后黄金荣将他带回巡捕房，经过审问，他果然就是刺杀宋教仁的凶手，原名为吴福铭，接着，他供述了自己杀害宋教仁的经过：

应桂馨给了我1000元钱，一张照片，一支手枪和六颗子弹，并且拨了四个人相助，其中一个叫叶玉如，一个叫杨什么仁，另外两个则忘记了名字。应桂馨要我带这四个人到北火车站，依计行事，刺杀照片上的人。我根本不知道，要去刺杀的那个人是谁，是干什么的。

※《真理画报》刊登刺杀宋教仁的有关人犯。

在他供述完后，黄金荣让他在口供上签了字，随后押入囚室。

天亮后，他又将一个提供线索的人——古董商人王阿发找来。据王阿发说，10天前，他到文元坊应桂馨的家中兜卖字画。应桂馨拿出一张商务馆印刷的名片，指着上面的一个人的头像说："我们打算办了这个人，你如果替我做了，我出1000块大洋。"王阿发不肯为1000块大洋去冒生命危险，便拒绝了。宋教仁被刺之后，他才知道，应桂馨让他去杀的就是宋教仁，他肯定应桂馨是指使者。

王阿发在报纸上看到刺杀案后，便立即报告了巡捕房。

在确凿的人证和物证面前，应桂馨和武士英不得不低头认罪了。接着，两个案犯被押送到上海地方法院，并准备在4月25日开庭审理他们的行凶杀人案。

但是，就在开庭的前一天晚上，武士英竟然被人逼迫吞下了毒药而"自杀"了。而应桂馨也买通看门人，与他的手下里应外合，越狱逃跑了。

应桂馨很快就逃到了青岛，隐姓埋名，平时很少露面。一天，应桂馨

※ 洪述祖（1855—1919）

乘坐快车从北平到天津，结果被袁世凯的特务发现了。当他走近车厢时，突然被门外闯进来的一条大汉用手枪给打死了。

就在应桂馨死后不到一个月，国务总理赵秉钧在天津督军衙门开宴席时，当场中毒身亡。

宋教仁案件的有关人物一个接一个地死去了，现在只剩下洪述祖了。黄金荣果断决定：要不惜一切代价，找到洪述祖，并将他引到上海来。洪述祖原本是赵秉钧直接使用的内政部秘书长，就是他亲自出面找应桂馨帮忙刺杀宋教仁的。在案发后第六天，他发现事情不妙，便逃回了天津老家。但他仍旧觉得不安全，于是又逃到了青岛德租界。他本想引渡到德国，但没有被德国官方批准。

宋教仁案件发生后，全国人民都将矛头指向了袁世凯，纷纷痛斥他的行径，并要求讨伐他，就连他的很多亲信也开始远离他。1916年6月6日，在极度的惊恐中，袁世凯死去了。洪述祖得到袁世凯的死讯，觉得自己安全了很多，便秘密回到上海，没想到被宋教仁15岁的儿子宋振吕逮个正着，之后交给了会审公廨。至此，宋教仁案件彻底侦破。

1919年4月5日，洪述祖死于从美国刚引进的电绞椅上。

黄金荣等人神速破案，得到了各方的赞扬，法租界巡捕房总巡拉比埃高兴得直拍他的肩膀，连连表示要对他进行表彰。可以这样说，黄金荣正是因为承办了这一重大案件，才在民国时代的风云录上留下了自己的名字。

>> 是谁刺杀了陈其美

1911年10月10日，武昌起义爆发，在随后不到两个月的时间里，内地18个省有14个省举起了义旗，纷纷宣告独立。革命的洪流席卷全国，腐朽的清王朝被推翻了。孙中山从美国立即回国，1912年1月1日，中华民国建立，孙中山当选为中华民国临时大总统，在南京宣誓就职。辛亥革命取得了胜利。但是仅仅在两个多月以后，内阁总理袁世凯就窃取了中华民国临时大总统的职位，临时政府迁都北京，中国开始了北洋军阀统治时代。

随后，孙中山、黄兴、宋教仁等成立中国国民党，1912年12月中旬，中华民国参众两院初选，1913年2月，举行复选，国民党获得了压倒性优势的胜利，成为国会中的第一大党。宋教仁力主出面组阁，做国务总理，

※ **武昌起义**（雕像）

并猛烈抨击袁世凯政府，袁世凯派人暗杀了宋教仁，还准备消灭国民党。

袁世凯政府实行的一系列倒行逆施的政策，激起了革命派人士的极大不满，1913年7月，孙中山发起二次革命，起兵讨袁，陈其美成为上海总司令的人选。

陈其美，又叫陈英士，浙江湖州人，1878年生于一个绅商家庭。他的弟弟是中国近代四大家族的代表陈立夫、陈果夫的父亲。陈其美头脑聪明，善于学习，27岁时到上海谋生，接受新思想的熏陶；30岁时东渡日本留学，最先进入警监学校学警察法律，后来又到东斌学校学习军事。在校期间，他加入了孙中山领导的中国同盟会。也是在这个时期，他和蒋介石相识了，两人很快成为至交，并义结金兰。在陈其美的推荐下，蒋介石也加入了中国同盟会。

1908年，在孙中山的指示下，陈其美回国，奔走于江苏、浙江、上海之间，与光复会首领李燮和一起策划上海起义。陈其美很善于组织工作，性情豪放，在上海，他出入于赌场、妓院、烟馆、戏院、码头，到处结交反清力量。也是在这一年，陈其美加入了洪帮。

1911年上海光复后，陈其美担任沪军都督。后来，他又率军猛攻南京，只用了一个月的时间，南京也宣告光复，从而奠定了辛亥革命胜利的基础，抵御了清政府派遣袁世凯南下扑灭革命的重兵。

正因为如此，孙中山对他有很高的评价：

> 时响应之最有力而影响于全国最大者厥为上海。陈其美在此积极进行。故汉口一失，其美能以上海以抵之。由上海乃能窥视南京。后汉阳一失，吾党又得南京一抵之。革命大局因此益振，则上海其美一木之所支者，较他着尤多也。

※ 徐宝山（1866—1913）

1909年3月，因为偶然的一件事，黄金荣和陈其美结识了。当时，陈其美正在全力投入革命事业，黄金荣看到他身上那种视死如归的精神后，非常震惊，非常佩服这位上海滩上响当当的革命党人，主动与他结交。

袁世凯窃取革命果实后，认为陈其美是一个非常危险的人物，便设计逼迫他辞去沪军都督的职位，但陈其美拒绝了，袁世凯便有了将他杀害的想法。

1913年3月20日，宋教仁被杀后，陈其美支持黄兴"法律解决问题"的主张，于是举起反袁大旗。

但此时，在京沪之间，有一支彪悍的队伍成为革命党人最大的威胁，其领头的是一个名叫徐宝山的人。

徐宝山是盐枭出身，性情凶狠，被百姓称为"徐老虎"。此人出身贫寒，身材魁梧，武艺超群，是私盐贩子的头领。后来，徐宝山加入洪帮，因为心狠手毒，党羽众多，枪法高明，被允许开山收徒，因此势力急剧扩大。清政府一直想剿灭这个大盐枭，但都没有达到目的，于是，清政府改变招数，用高官厚禄招安他，让他担任两淮盐务缉私统领。帮会的兄弟不同意他降

※图为反对袁世凯窃国称帝发布的《讨袁宣言》

清,他便利用职权将同帮兄弟杀戮殆尽。辛亥革命爆发后,他又宣布独立反正,乘机夺取枪炮军粮,壮大自己的势力。袁世凯窃取胜利果实后,他又开始拥护袁世凯,在其总统府内担任侍卫武官。刺杀宋教仁案件发生后,他不但拒绝和革命党人合作反袁,还夺取国民党人从上海运往安徽、江西的军火。

陈其美知道,如果革命军讨袁,首先必须将此人除掉。于是,他找到黄金荣,请求他帮忙将徐宝山这只猛虎铲除,为革命党人扫清障碍。黄金荣很快同意了他的请求,在杜月笙、张静江的精心策划下,徐宝山被一枚定时炸弹炸死在他的寓所内。

得知徐宝山被杀后,袁世凯十分痛心,但陈其美和黄金荣却因此建立了良好的关系,当然,黄金荣也从中获得了一大笔赏金。

二次革命爆发后,虽然面对北洋军阀的强大势力和国民党的军械物资严重短缺等困难,陈其美依然响应孙中山的号召,在上海举起了武力讨袁的旗帜。

1913年7月18日,也就是讨袁军成立的第三天,上海宣布独立。之后,陈其美发布了《讨袁宣言》，痛斥国贼袁世凯"残害忠良、私借外债、丧失主权、破坏共和、掳掠奸淫"等滔天罪行，彻底揭露其丑恶嘴脸。

7月23日，陈其美向江南制造局发动进攻，并与蒋介石等亲临阵地指挥，接着又于7月24日、25日和26日的夜间发动了攻击。在沪宁车站、吴淞、宝山等地和袁世凯的军队发生了几次交战。

因为外国侵略者的干涉，再加上陈其美的兵力有限，8月13日，陈其美所领导的上海讨袁战争以失败而告终。

同年9月，袁世凯查封了陈其美在湖州的家产，陈其美遂将全家搬到上海海宁路10号。他经常在法租界活动，这些地方也基本上都是黄金荣的管辖范围，因此两个人之间来往更加频繁。在避难期间，黄金荣曾几次在金钱和物资上给予他帮助，两人的关系因此变得更加密切了。在黄金荣的建议和资助下，陈其美第二次东渡日本。

1914年，陈其美手下的大将、革命党人范鸿仙在嵩山路33号被袁世凯的特务暗杀，黄金荣亲自参与案件的侦破，但没有找到凶手。

1915年10月，袁世凯为复辟帝制，接受了日本灭亡中国的"二十一条"，

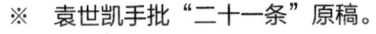

※ 袁世凯手批"二十一条"原稿。

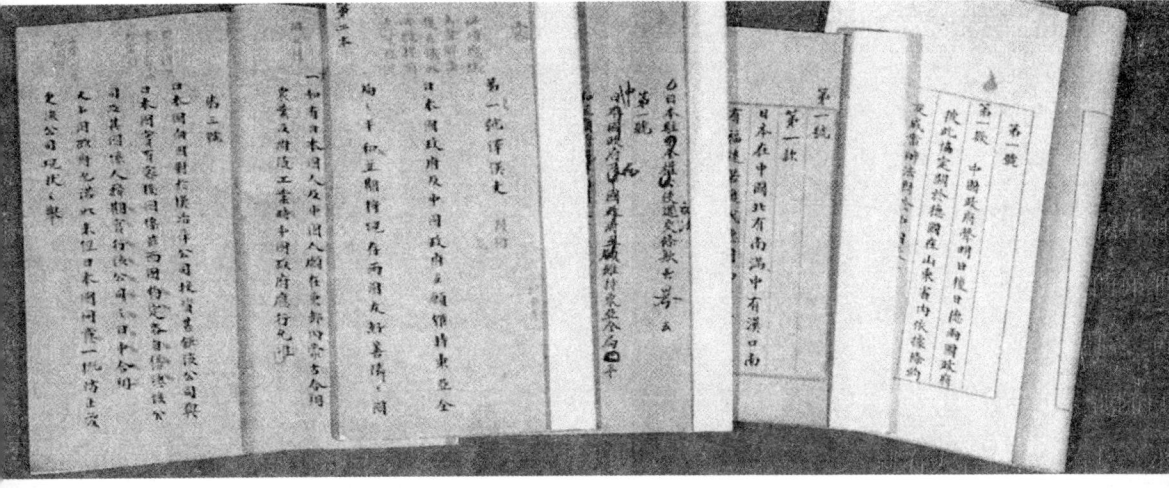

※ 袁世凯重新穿起龙袍,在天坛祭祀。

消息传出后,群情激奋。孙中山与中华革命党各部长举行会议,决定正式组建中华革命军。陈其美被指派到上海,组建东南军总司令部,总部设在法租界霞飞路渔阳里5号。同时,蒋介石、杨庶堪、于仁杰、余祥辉等人也被召回上海,具体筹划上海讨袁斗争。

此时,身在北京的袁世凯得知这些消息后,内心充满了恐惧,寝食难安,他决定派出得力杀手去刺杀陈其美。

黄金荣很快便得知这个消息,立即找到陈其美,担忧地说:"陈先生,你以后行动可要小心了,听说袁大头又派人到上海来了,你的头现在值5000两银子。"

陈其美哈哈大笑,说:"让他们来吧,丈夫不怕死,怕死事不成,我等着他们。"

1915年11月10日,袁世凯在上海的鹰犬、上海镇守使郑汝成又被陈其美等人杀掉了。这个郑汝成原本是北洋水师中的一员猛将,袁世凯在天

※ 中华民国临时大总统孙中山在南京主持第一次内阁会议。

津督练新军时,他投靠了袁世凯,并受到赏识。辛亥革命爆发后,他出任袁世凯大总统府的高等侍卫武官,后来升任海军中将。因为他杀害革命党人有功,袁世凯任命他为上海镇守使、上海警备地域司令官。他的存在给革命党人在上海的活动带来了极大的困难。

因此,陈其美决定将他除掉。在黄金荣的帮助下,陈其美将他炸死在外白渡桥上。这个双手沾满革命党人鲜血的刽子手终于得到了应有的下场,黄金荣因此事又得到了两千元的银票。袁世凯再次气愤难耐,于是加紧了暗害陈其美的步伐。

袁世凯将此事交给一个叫尚晓忠的人全权负责。陈其美当时是上海比较出名的人物,本身就是沪军都督,有军队保护着,而且还有黄金荣等一干强悍的朋友如影随形,要想找到一个杀他的机会还真不是一件容易的事情。

为此,尚晓忠着实花费了一番心思。他不断地出入在上海的下流人群中，寻找合适的人选。但没多久，他就发现，这个杀手实在太难找了，因为陈其美人人认识，人人了解。于是，他决定寻找一个洋人杀手，一来他和中国没有什么人缘，二来逃到中国的洋人杀手都是带有污点的，只要找到他们，就一定能做成。

没过几天，尚晓忠就在一家名叫"非洲野人之家"的酒吧中找到了一个名叫勃罗特的法国人。此人是一个退役军人，曾因抢了一个老板的钱包而被判了5年徒刑，但他不能忍受牢狱之苦，最后逃狱来到中国。得知这些情况后，尚晓忠和他约定出1200元去刺杀陈其美。

但这个勃罗特并不真心想去杀人，只是想黑吃黑，尚晓忠这一次又没有成功。在刺杀陈其美事件中，尚晓忠找到的杀手不少，但都没有如愿。他越来越觉得这件事难办了，现在离交差的时间只有10天了，尚晓忠急得像热锅上的蚂蚁，一筹莫展。

就在他迷茫的时候，袁世凯的贴身卫士袁继良找到他，给他介绍了一个名叫李海秋的人，这个人原来是陈其美的密友，现在投靠了袁世凯。

听说了这个人的背景后，尚晓忠喜出望外，立即到酒店去见李海秋。二人坐定后，便开始商量刺杀陈其美的计划。

尚晓忠将这件事的难度说了出来，李海秋却淡淡地说："这件事并不难办，只要对症下药就好。据我所知，陈其美正在为党内经费发愁呢，我们可以在这上面做文章。如果我们说开一家煤矿公司，准备向日本人抵押贷款，但没有中间人的介绍。如果谁能介绍成功，就可以给他一笔重金作为酬谢，相信陈其美一定会上钩的。我们可以在签约那天下手，这样保准成功。"

尚晓忠听到这个计划，觉得可行，就点头说道："这真是个妙计，公司的事情就交给我来办，你只要去和他约定签约的时间和地点就行了。"

就这样，一个周密的暗杀计划确定下来了。

两人分开后，各自行动。尚晓忠找来朱光明、许国霖和程子安等人，让他们伪造了一个"鸿丰煤矿公司"。为了不让陈其美产生怀疑，他们还煞有介事地在报纸上刊登了一则广告，内容就是关于悬赏寻找抵押贷款中间人的。之后，尚晓忠又找到盛卓等人，让他们做好随时动手的准备。

陈其美向来行踪诡秘，任何人都无法掌握他的行踪，就连跟随在他身边的保镖都不知道他下一分钟会去哪里。李海秋曾是同盟会中的一个小头目，认识不少陈其美的朋友，经过多方打探，终于从一个朋友那里得知了陈其美的电话。他立即给陈其美打电话说有要事要见他，两人约定在春风得意楼见面。

李海秋立即赶到春风得意楼，大约半个小时后，陈其美也来了，他问李海秋有什么事。

李海秋郑重其事地说："我有几个朋友开了个'鸿丰煤矿公司'，近几年因为经营不善，情况不太乐观。最近他们准备从日本购买一批新式设备，但因为缺乏资金，只好将公司抵押给日本实业界人士贷款，但一时又找不到中间人……"说到这里，李海秋将一份报纸递给了陈其美。陈其美接过报纸一看，非常高兴，心想如果这件事成功，可以得到30万元的酬金。于是，他立即问李海秋："我可以想办法，给我3天的时间，3天后你到我的住所来……"李海秋迅速记下了陈其美家的地址。

陈其美曾两次到日本留学，结识了不少朋友，这件事对他来说并不难办。果然，一天之内，他就将日本方面安排得非常妥当。陈其美兴奋不已，得到这样一笔巨款，党内的活动经费就可以缓解一下了。当天晚上，他就草拟了一份抵押贷款同意书和自己的中间代理协议书。

次日，陈其美给李海秋打电话说，事情已经搞定了，约定第二天下午到他的寓所签约。李海秋接到电话后大喜，立即向尚晓忠报告，尚晓忠马上做了布置。

※ 在法捕房时期的黄金荣

5月18日,李海秋带着假的"鸿丰煤矿公司"的老板许国霖以及贷款意向书在约定的时间来到了陈其美位于萨坡赛路(今淡水路)14号的寓所里。

三人在客厅见了面,相互介绍完毕,陈其美说:"许老板,抵押贷款一事李先生已经和我说了。我和日本朋友联系了,他们委托我为代表,先和贵公司签订意向书,然后总公司会派人和我一起到贵公司核查固定资产,如果没有什么问题,就可以正式签约,然后汇款。另外,我根据李先生所转达的贵公司愿向介绍人支付30万元报酬的意思,起草了一份合同草稿,您也可以过目一下。"说着,陈其美就拿出两份协议书交给许国霖。

这时,李海秋忽然站起来说要去外面买包烟,当他走出门后,便向马路对面的盛卓等人打了一个手势,然后就匆忙离开了。盛卓带着另一个人径直向陈其美寓所走去,当他们走进门时,陈其美的保镖竟然没有发现。因此,他们得以顺利地进入房间。

陈其美见两个陌生人闯了进来,忙问是什么人,要找谁,但话还没说完,盛卓等两个刺客就同时朝他开枪了,其中两枪击中了陈其美的头部,陈其美晃动了几下,倒地而死了。

就这样,这个民主革命志士死在了袁世凯的枪口之下,时年38岁。

案件发生后,黄金荣立即率领巡捕赶到事发地点,并抓获了许国霖等人,他们交代了是奉张宗昌之命来上海暗杀陈其美的。

在黄金荣等华捕的努力下,陈其美的遗体被送到蒋介石寓所蒲石路新民里 11 号。1916 年 5 月 20 日，《民国日报》这样刊登：

> 法捕房以其为民党巨子，且曾任沪军都督，特从优待，不将遗尸异堂相验，允许市民前去吊唁，法捕房现派越捕数名，在该宅门前守护。

因为黄金荣长期以来对陈其美的帮助和支持，为此也得到一些国民党上层的好感，认为他讲义气，又因为他有法租界巡捕探长的头衔，这使他有更多的机会结交国民党上层人物。只是党内著名的活动家陈其美被暗杀，这让他很长时间都感到很难过。

>> 结交孙中山

黄金荣之所以能从一个小流氓成为整个上海滩赫赫有名的大亨，和他善于察言观色、见风使舵的做事风格密不可分。黄金荣一辈子都非常注重结交各界名人，处处为自己留后路。他一生中的得意之举和政治资本就是结交了中国国民党的创始人孙中山，并资助了孙中山的革命事业。

晚清时候的上海法租界，提倡进出自由，法租界当局还标举民主自由，对清政府及后来的北洋政府对资产阶级革命者的迫害持反对态度。法租界当局宣布：只要革命者不藏军火，就可以在租界内自由出入，并受到保护。

※ 孙中山（1866—1925）

※ 宋氏家族的奠基人——宋嘉树（1864—1918）

当时，为逃避清政府及后来的北洋政府的迫害，大多数革命者都以法租界为根据地。他们对握有治安大权的黄金荣自然格外重视，而黄金荣出于自身利益的考虑，也愿意与革命党人交往。

1924年9月15日，第二次直奉战争爆发。22日，冯玉祥发动北京事变，废黜了贿选总统曹锟，把清朝废帝溥仪赶出了故宫，并且电邀孙中山北上商议国是，孙中山抱病从广州出发途经上海。在这之前，孙中山曾二十几次到上海。在从事反清斗争的过程中，孙中山也积极地和上海的帮会联络，以此增强反清的力量。在这个过程中，黄金荣起到了一定的作用。

1910年6月29日，孙中山秘密来到上海，住在宋嘉树的寓所中。这位宋嘉树就是中国近现代史上大名鼎鼎的宋氏三姐妹的父亲。在宋嘉树家里，孙中山和在上海负责联络帮会工作的陈其美见面了。此时，两个人形成极大的反差，孙中山在南方的工作屡遭失败，而陈其美在上海的工作却非常顺利。陈其美兴奋地告诉孙中山："现在上海的青帮和洪帮全都听由孙先生指挥，可以为革命所用！"

孙中山听到这话后非常兴奋，对陈其美说："我们要尽一切力量团结一切能够团结的人来共同反对清政府，除了帮会外，还要吸进其他方面的力量。"

陈其美告诉孙中山，当时法租界中最有势力的中国人莫过于黄金荣，

※ 图为中国历史上赫赫有名的宋氏三姐妹。左起：宋庆龄、宋霭龄、宋美龄。

如果有他的帮助,他们在上海的活动就会方便很多,他现在正在积极努力和他拉上关系。

孙中山听了后,也很感兴趣,便询问黄金荣这个人怎么样,能否为他们的革命服务。

这时,宋嘉树插话道:"据说这个人非常能干,手下还有很多徒弟。这个人也比较开明,但想让他加入革命党,好像不太容易,让他给我们行一些方便,这还是可以做到的。我和他的徒弟徐福生有一些来往,他帮助黄金荣做鸦片生意。我可以安排你们见一次面,询问一些具体的情况。"

孙中山同意了。第二天,徐福生就被约到了宋嘉树的寓所。

徐福生是广东人,当年和黄金荣一起到苏州打天下,和黄金荣的关系非常密切。他曾担任共舞台的稽查,随着黄金荣在上海的发迹,他也跟着出了名,在上海滩也算是一个响当当的人物。

两个人见面后,首先客气了一番,之后,孙中山便给徐福生讲述了一番革命道理,并告诉他希望他的师父黄金荣能站出来支持反清革命。临别时,孙中山还书写了一把扇子,让徐福生带给黄金荣。

徐福生离开宋嘉树的寓所后,立即带着扇子来见黄金荣,并将孙中山希望有机会和他相识之意转达给了黄金荣。当时孙中山的名字很有号召力,黄金荣又一向喜欢结交名人,听了徐福生的一番话后,自然十分高兴,能和这位著名的

※ 1911年12月25日,孙中山自香港抵沪。图为孙中山与黄兴及同盟会其他领导人合影。

第五章/政治资本是必要的

※ 黄金荣私家花园

革命家见上一面也是给他脸上贴金的事。于是，两人约定了见面的时间。

几天后，孙中山在徐福生的陪同下来到了黄公馆。黄金荣在这一天打扮得非常整齐，举止也尽量保持文雅稳重，为了显示他的诚意，他还特意到麦高包禄路的钧培里弄口去迎接孙中山。两人见面后，自然又是一番寒暄，之后，黄金荣邀请孙中山到二楼的会客厅喝茶叙谈。坐好后，孙中山便开门见山地对黄金荣说："孙文干革命的目的是推翻腐败的清政府，建立共和，让中国人民都能挺起腰杆，过上好日子。但是，孙文才疏学浅，要完成这个大任，还需要各地豪杰之士的帮忙。我知道黄先生在上海有很多朋友，在法租界也有很多关系。希望黄先生对我们的同志和朋友，多加帮助和保护。我们一定会铭记黄先生的义举。"

黄金荣听完孙中山的一番话后，立即表示：责无旁贷，理所应当。这次见面之后不久，他就拿出1000银元交给徐福生，让他转交给孙中山。同时，他还向其他一些企业家进行募集，大约有3000多元，悉数交给孙中山。孙中山接到钱后，特意写信向黄金荣表示感谢，前后有几封。而且，为了向徐福生表达谢意，孙中山又给他两把扇面，徐福生特意将其中的一把装裱后配上精致的红木镜框，悬挂在寓所的大厅正中。

后来，黄金荣常常对亲信门徒说：

> 我一生之中讲义气，重朋友，连孙中山先生的革命，我也曾出过一些力。只要有困难我不会不帮忙。

1911年，辛亥革命取得胜利，清政府的统治被推翻了。同年12月25日，孙中山再次来到上海，在宝昌路408号居住。为保护他的人身安全，黄金荣曾率领部下，暗中站岗巡逻。后来，为了褒奖黄金荣，国民政府特授予他文虎勋章，黄金荣的谢词说："我只是尽了在野之义而已。"

12月29日，孙中山被各省代表选举为中华民国临时大总统。1912年元旦，孙中山动身去南京，就任大总统一职。黄金荣听说后，立即召秘书杭石君拟一封祝贺信，并让他亲自送往南京当面交给孙中山。

上海光复后，革命党人急需一笔经费扩充军饷，他们四处奔走寻找资助的人。同盟会中的成员鲁督察和黄金荣曾同在巡捕房工作，平时为革命党的事情也经常和黄金荣打交道。鲁督察将这件事告诉黄金荣，希望他能再次解囊相助。黄金荣毫不犹豫地答应了。

黄金荣知道，给革命党捐钱就是下一笔赌注，可能会数倍获利，也可能一分都捞不回，所以他不想动用自己的积蓄。但一时也筹集不到这笔大的款项。后来，他想了一个办法，就是去赌场赚取这笔钱。

※ 孙中山大总统像

法租界的赌场都需要在巡捕房登记，而且由林桂生和他的门徒抱台脚，俗话说，兔子不吃窝边草，黄金荣也知道这个道理，所以他决定去声称"鸦、雀、鸨"绝迹的公共租界去寻找那些私自开设的赌场敲诈一笔。

一天晚上，在四马路会乐里旁一条小马路的暗弄堂里，黄金荣和杜月笙出现在这里的一家私设的赌场内。刚一进门，他手下的一个人就蛮横地说："识相点，借一千鹰洋。"

因为是私自开设的赌场，老板有些心虚地问："请问老大是哪一帮派的？"徐福生故作神秘，用恫吓的口气低声在老板耳边说："革命党！"他又指指弟兄们说："他们的口袋中都装着炸弹，如果你敢说一个'不'字，这里很快就会被炸平。不仅如此，你还会被抓到巡捕房去坐班房，罪名就是私开赌场，还窝藏乱党。"

听了这番话，老板吓得脸都青了，手脚发抖，赶紧从屋里拿出两小袋银元交给徐福生。黄金荣等人这才带着银元离开了，临走时，徐福生还拍拍老板的肩膀说："记你一功！"

黄金荣采用这种敲诈的方式弄来了一大笔钱，交给革命党作为活动的经费。他认为，不管他的动机怎么样，钱是从什么地方来的，自己为上海的光复总算是尽了一份力。

后来，在护法运动中，孙中山多次来上海，黄金荣也曾暗中保护过他。

1923年冬，孙中山等人从澳门来到上海，法租界当局曾阻止他们上岸。又是在黄金荣的帮助下，孙中山一行人才得以在太古码头登陆，进入加拿大华侨赠送的莫里哀路29号寓所。在中外人士、各团体代表前往拜见孙中山时，黄金荣一直担负着安全保卫的工作。拜见结束后，他又陪同孙中山登轮船离开。在这之后，为了在上海继续开展革命活动，孙中山和黄金荣仍旧保持着联系。

对于这件事，黄金荣一直颇感自豪，在他80多岁时，还说：

我在40岁光景，孙中山先生在上海革命是我保护的。中山先生到北京去的时候，我保护并送他上车，临走的时候，中山先生对我说，上海的革命同志你要保护。所以后来我认得了许多革命分子，像胡汉民与汪精卫他们就在革命军打制造局的时候认识的。

>> 收下门生蒋介石

陈其美被刺杀后，黄金荣非常震惊，他没想到，像陈其美这样的人物，也会被刺客刺中。而更让他没想到的是，这个案件将另一个人又推到了他的面前，这个人就是蒋介石。

陈其美是上海军政要人，他的死改变了很多人的命运。有的人扶摇直上，有的人则一落千丈。蒋介石则属于后者。

在当时的上海，谁都知道蒋介石是陈其美的爱徒，两个人的关系非常密切。正是在陈其美的介绍下，蒋介石才加入了同盟会，结识了孙中山。而在辛亥革命期间，陈其美又将其提拔为护军第五团团长。

蒋介石本名瑞元，1887年出生，浙江奉化溪口人，父亲叫蒋肇聪，以开盐铺为生，母亲叫王采玉，蒋介石出生时，蒋家还算是个小康之家，比较殷实。蒋介石在小的时候身体不好，经常生病，但又生性顽劣，常常触犯规矩，被人们称为"瑞元无赖"，母亲为他操了不少心。

蒋介石7岁的时候，祖父去世，第二年父亲也因身染时疫而去世，分家时亲戚们百般欺凌，孤儿寡母陷入生活的低谷，母亲含辛茹苦将他抚养长大。15岁时，为他娶了媳妇毛福梅，没想到在拜堂之时，他竟跑出去抢拾爆竹，惹得宾客们哄堂大笑。

蒋介石19岁那年，清政府增加田赋，因为他家无力负担，结果被差

※ 青年时期的蒋介石

役抓去关押了起来。他十分气愤，因此剪短发辫，告别母亲和妻子，到保定陆军学校学习。之后，又东渡日本，在振武学校学习。在这里，他结识了陈其美、孙中山、杨虎等人。辛亥革命爆发后，他和张群等人回到上海，被派到浙江组织起义活动，陈其美提拔他为沪军第五团团长。

陈其美被刺死后，蒋介石的地位受到了严重的削弱，在政治上失去了靠山，他的军团经费也开始紧张起来。无奈之下，他只好另寻庇护者，开始主动联系张静江、戴季陶、陈果夫等人，并跟随他们参加了上海证券交易所的筹备工作。1916年9月，蒋介石与张静江、戴季陶、陈果夫三人结拜为兄弟。

蒋介石在上海滩做了六年的证券生意，觉得买卖越来越不好做了。正好在这时，虞洽卿创办了一家"上海证券物品交易所"，蒋介石看到这里生意红火，就来到这里做了一个"画线"的小职员，每天只是做一些抄写记录、通报行情的杂活，收入很少，感觉很不如意。

后来，蒋介石又和张静江、戴季陶，陈果夫等人合伙经营了"恒泰号经纪行"。

在张静江的帮助下，他也当上了经纪人。初期，经纪行的业务很好，因为几笔生意投机成功而发了点小财。在这段时间，他将侍妾姚冶诚接到了法租界贝勒路的一幢小洋房中，不久，张静江夫人又给蒋介石介绍了一个叫陈洁如的妓女，1921年，两个人举办了婚礼。同时，他还在家乡创办了武岭小学。这一年6月，蒋介石的母亲去世，蒋介石大办丧事，为母亲修筑了一个颇为讲究的坟墓。

物品证券交易所的兴旺吸引了很多投机家竞相开设交易所以牟取暴利。到1921年夏秋时，上海的交易所已经增加到了140多家，大大超过了市场的需求，从而引发了一场危机，一时间，交易所纷纷倒闭，经纪行亏损破产，股票成了废纸。蒋介石所在的"恒泰号经纪行"也未能幸免，

※ 旧上海证券交易所开幕盛况。

在这场风潮中倒闭了。为此，蒋介石担负了3000元的债务。

一时间，上海滩上刮起了一股讨债风潮。面对债主的步步紧逼，蒋介石感到前途一片渺茫。该怎么办呢？最后他决定前往广东，因为他听说，孙中山已经在那里建立了政权，如果投靠孙中山，一定会成为他身边最有地位的红人。想到这些，他感到自己的前途又锦绣一片了。但是眼前的问题是首先需要解决的。

如果那些债主知道他要逃走，可能会要了他的小命。如果这个时候有一个人能帮助他将这些债主摆平就好了。想到这，他的脑海中闪现出一个人，黄金荣。如果他出面，相信那些债主就不敢再为难他了。但是此时的他只不过是一个默默无闻的人，黄金荣肯定不会接见他，他必须找一个中间人才行。

为此，他又找到同乡虞洽卿帮忙。虞洽卿同意了他的请求，并建议他拜黄金荣为老头子，以躲过目前的困境。蒋介石当即表示照办。

虞洽卿也是上海滩上响当当的人物，而且和黄金荣有一定的交情，他来到黄公馆后，将蒋介石的情况说了一遍，黄金荣答应收蒋介石为门生。

于是，一个黄道吉日，虞洽卿陪着蒋介石来到黄公馆拜师。

虞洽卿对青帮拜师的手续不了解，因此蒋介石的拜师仪式有些特别。在二楼的客厅中，蒋介石向端坐在太师椅上的黄金荣呈上了大红的拜师帖子，上面写着：黄老夫子台前，受业门生蒋志清。然后跪下磕头行了个大礼，拜师仪式就算结束了。其他重要的入帮环节都没有。就这样，蒋介石成了黄金荣的门生。

蒋介石拜师后，黄金荣出面将他的全部债主都请到了一起，酒过三巡，黄金荣对他们说："现在，志清已经是我的徒弟了，以后还要请各位多多照顾。志清如果真的欠哪位的债，请大家宽限几天，等他从南方归来之后再还账。如果他不能偿还，那就由我来偿还。"

债主们一听，知道自己的钱都打水漂了，怎么可能在黄金荣身上要出钱来呢，看来今天这是鸿门宴，硬顶的话，钱非但要不回来，反而会得罪了"麻皮金荣"，到时还不将自己撕成碎片才怪。想来想去，

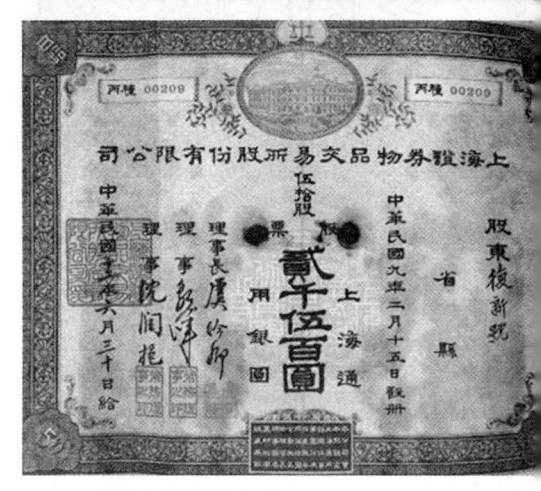

※ 旧上海证券物品交易所股票。

还不如现在做个顺水人情。于是，大家纷纷表示前账作废，一笔勾销了。蒋介石听后立即敬酒答谢。就这样，黄金荣的一句话，压在蒋介石身上的重担顿时消失得无影无踪了。当然，他对黄金荣的威风和能量也有了新的认识。

在这之后，蒋介石又在黄公馆住了一段时间。6月，蒋介石决定去投奔孙中山，为此，黄金荣又拿出200元钱给他做路费。这一雪中送炭的举动，让蒋介石终生难忘。但是黄金荣绝对没有想到，这个穷极潦倒的蒋介石，几年之后，会那么风光地返回上海，而自己却要俯首帖耳地去投靠他。

蒋介石拜师这件事，对蒋介石来说，是为了摆脱欠账的窘境；而对势力强大的黄金荣来说，则是因为虞洽卿的面子，从内心来说，他对这个新门生根本就没有抱什么希望。但实际上，这件事后来对双方都产生了重要的影响。在蒋介石的政治生涯中，帮会势力帮他解决了很多难题，其中最典型的就是"四·一二事变"。而黄金荣也因为无心插柳，师父因为门生的高贵而更加光彩，更加神气。

>> 接待下野总统黎元洪

辛亥革命以后，是北洋军阀的黑暗统治时期，"你方唱罢我登场，城头变幻大王旗"。直到20年代，中国依然处于混乱状态，各方政治势力纷纷寻找最有利于自己的位置和靠山。此时的上海凭借其租界特定的地位，聚集了各式各样的人物，逐渐成为微妙的政治中心。出于各方面的考虑，地头蛇黄金荣不断地寻找并结交社会中的各色人物，以提高自己的身份。其中一个典型事例就是接待下野总统黎元洪。

1920年7月的直皖战争以皖系的失败而告结束，直系的曹锟和奉系的张作霖共同控制了北京政府。两大军阀都想独占中国。1922年4月10日，

※ 黎元洪（1864—1928）

张作霖调奉军络绎不绝地开进关内，企图问鼎中原。几天后，直奉大战在京津地区展开。仅仅6天，奉军惨败。张作霖逃回东三省宣布"自治"，自任东三省保安总司令，与北京中央政府脱离关系。从此，北京政府唯曹锟独尊。

曹锟控制了北京政府，却不甘心屈居于大总统徐世昌之下。于是想到了让黎元洪出来充当门面。6月6日，黎元洪复任大总统。但是黎元洪这次在大总统任上只待了半年，就在曹锟的逼迫下，于6月13日被迫辞职。但是，黎元洪不甘心，到达天津后便通电反对直系，开始进行复位活动。与此同时，孙中山与奉系张作霖、皖系卢永祥、段祺瑞结成反直三角同盟，准备在上海召开国会。到7月中旬，到达上海的议员已达上百人，章太炎等议员致电黎元洪，希望他能勇敢地站出来，到上海参加活动。经过慎重思考，9月8日，黎元洪前往上海。

这时，黎元洪已经下野，冒着与北京的执政者交恶的风险再去讨好他是完全没有必要的，因此对于他的到来，上海某些方面的态度非常冷淡。

而黄金荣却不这样想。他认为，像黎元洪这样的名人，指不定什么时候就会用到。于是，早在黎元洪动身之前，他便和黎氏的驻沪代表接洽妥当，表示对黎元洪的安全不必担心。黄金荣还特意关照张啸林、杜月笙全力接待。

9月11日，黎元洪偕夫人黎本危、秘书长饶汉祥等刚到上海，得到了黄金荣为首的上海流氓势力的热烈欢迎。黄金荣还以东道主的身份，举办了丰盛的宴会，为黎元洪夫妇等一行人接风洗尘。

黄金荣安排的欢迎仪式可以说是隆重至极，现场到处都布满了军警，场内外严厉戒严，和仪式无关的人员一律不准靠近一步，在人群中，还夹杂了一些便衣以保护下野大总统的安全。

为了让现场更有气氛，黄金荣还特意请来了乐队，当黎元洪一行人到达时，乐队立即奏起了欢迎的曲子，黄金荣站在欢迎队伍的前面，看到黎元洪走过来，立即上前迎接，又是鞠躬，又是作揖，口中还不停"总统，总统"地叫着。看到这种情景，黎元洪感到很意外，他没想到自己已经下野了，在上海居然还能受到如此热烈的欢迎，内心的感动就别提了。

黄金荣在招待黎元洪这件事上可以说是花费了很大心思，在饮食上，黄金荣想尽办法搜集山珍海味，各种新鲜的水果，还特意邀请一位出色的厨师来烹饪制造宫廷菜肴，尽量让这位昔日的总统高兴。他的手下一些身份较高的人也特意设宴招待黎元洪一行人，目的是想增加热烈的气氛，同时还能拍拍黄金荣的马屁。于是，杜月笙就在自己的家里为黎元洪安排了一场丰盛的宴会。黎元洪已经下野了，所以对于这些人是否有宴请的资格也不会太在意。这位前总统享受着隆重的礼节，他的随从也得到百般殷勤的照顾。为了表示感谢，黎元洪当场命令秘书长饶汉祥为杜月笙写了一副对联。对联的内容是：春申门下三千客，小杜城南尺五天。在这副对联中，杜月笙被比作战国时的春申君。之后，饶汉祥又提笔书写了一个斗大的"福"字，送给了黄金荣。二人得到如此墨宝，像得到件稀有的宝贝似的，非常

※ 杜月笙——近代上海青帮中最著名的人物之一

珍惜，装裱后挂在自家最显眼的地方。

黎元洪在上海期间居住在杜美路26号。黄金荣委派杜月笙、金廷荪等率众多弟子日夜护卫，不准出现丝毫差错。

黎元洪在上海异常繁忙，不断地去拜访章太炎、唐绍仪等上海名流，为了他的安全，黄金荣又派张啸林跟随，于是张啸林成了黎元洪的贴身保镖。不管黎元洪什么时候到什么地方去，张啸林都必须时时刻刻跟在他的身边，不能有半点马虎。

虽然黎元洪来到上海受到如此礼遇，但是他的反直活动进行得很不顺利。他准备联系一些人，在上海组织一个能够和北京政府相抗衡的政府，但是张作霖和直接控制上海的卢永祥并不支持他的计划，其他的国会议员也各有打算，甚至在议员开会时，有些人还不允许这个已经下野的总统旁听。

因为种种原因，黎元洪准备在上海组织政府的目的没有达到，不禁连呼："我又上了他们的当了。"为排解胸中的忧闷，接下来的几天中，黎元洪选择了乘车购物看戏娱乐。

黄金荣将他们安排在共舞台戏馆看戏，特意安排了《鸿鸾禧》《骂殿》和《失足恨》等戏目，分别由当时的走红演员吕美玉、李桂芳、张文艳和特邀男旦王芸芳主演。戏馆中的包厢也被重新布置一番，为了显示其隆重豪华，黄金荣特意安排手下到木器店租了四个大红木龙椅。安全事宜则交给张啸林等人。戏开演后，黄金荣陪同黎元洪夫妇坐在包厢中的龙椅上，身旁站着的手下个个佩戴手枪。

　　黎元洪在上海的这段期间，黄金荣一直小心谨慎地伺候着，竭尽全力百般招待。黎元洪非常满意，为了表示感谢，他特授黄金荣为陆军步兵少校、侍从武官，还赐给他一套挂满勋章的上将军服。黄金荣从没有受到这样的恩宠，自然感到无上光荣，万分得意。后来，他经常在公馆中穿上这套上将军服，学着黎元洪的八字官步，自然是心花怒放。临行前，黎元洪夫人又将一套慈禧太后使用过的精致而名贵的镶金烟枪和嵌宝烟盘送给了黄金荣，这也让他爱不释手。

　　这次招待事宜，可以说两人各有所得，黎元洪当时正值政治受挫时期，南下上海一方面调整了心情，另一方面则联络了南方，窥测了方向，以便东山再起。而对于黄金荣来说，虽然这次花费了大笔银子，但是收到了丰厚的政治资本。他以一个租界警官的身份，接待了一个刚刚下野的总统，可以说是史无前例，因此得到各方面的瞩目，可以说这是黄金荣从租界走向全国的重要一步。

第六章
人生巅峰

>> 解救雷狄主教

在法租界负责治安工作，最重要的是要保证法国人的性命安全，黄金荣也一直在尽心尽力地做到这一点。他的手下遍及法租界各处，可以说，有黄金荣势力的存在，外国人在法租界是非常安全的。

但黄金荣对洋人的保护还远远不止在上海这个范围，在晚年时，他经常对两件事念念不忘，津津乐道。其中之一就是临城劫车案中救出了法国主教雷狄。

这件事还需要从头说起。

自从清政府被推翻后，中国很快出现了军阀割据的局面。各地军阀各自为政，战争不断，给百姓带来了巨大的痛苦。胜者掌握政权后，便开始"合法"搜刮百姓；而失败者则隐藏起来，养精蓄锐，时刻准备东山再起。

正因为这样的局面，许多土匪武装便应运而生了。在这些土匪中，有的是自己拉起"杆子"的；有的则是吃了败仗的军队，占山为王的。

北洋军阀统治期间，山东峄县和滕、邹一带属于苏、鲁、皖、豫四省边境，由剿匪督办张敬尧管辖。后来，张敬尧在军阀斗争中失败了，

※黄金荣（1868—1953），旧上海赫赫有名的青帮头目。

他的部下孙美松因为政府不肯收编，便占据在抱犊崮做了草寇，干了不少坏事。

抱犊崮属于山东峄县管辖，这里原本是深山丛林的壑谷，地形险要，山腰狭小，山壁陡峭。山壁两旁凿有攀石或嵌入的木桩做扶手，攀登时稍不小心，就会有跌入万丈深渊之险。

后来，北京政府派山东督军田中玉到这里剿匪，同时派第六、第二十两个混成旅将抱犊崮团团围住，时间长达一年半之久。因被官兵围住，孙美松赶紧派人向同样沦落为草寇的胞弟孙美瑶求援。

虽然孙美瑶年仅25岁，但骁勇善战，是个出名的双枪手。接到大哥的求援信后，他立即前来面见大哥。兄弟俩凭借险要的地形，决定据险固守，和官兵抵抗。因此形成了官兵不敢向山上进攻，而他们也不敢冲下山来的局面。但是，时间一长，山上很快就缺水缺粮了，如果再这样下去，他们的队伍很可能会不战而溃。怎么办呢？兄弟俩商量了很久，都认为要想摆脱目前的状态，就要做一件大案，让这些官兵不战而退。

1923年5月5日，深夜2时半左右，津浦路上。一辆列车正由南向北驶来。在离山东临城3里的沙沟山，司机透过一轮斜月的亮光，发现前面有幢幢黑影。在这寂静的荒郊外，这些黑影是什么呢？司机疑惑地按动了汽笛。刺耳的汽笛声划破夜空，却并没有驱走那些黑影。

"刹车，看看究竟是什么。"司机自言自语地说。

火车行驶速度很快，在滑行了10余丈之后，忽然，一声尖叫，火车出轨倾覆了！

"砰！砰！"紧接着一阵枪声传来，乘客们还没有反应过来，上千人蜂拥而上，这些脑后垂着长辫的人不由分说，凶神恶煞般地围了上来。列车被劫持了。

这趟火车不是一般的旅客列车。它还载着数十名中外记者和外国旅行者，将参加山东黄河宫家坎堤口落成典礼。车上共有200余人。

※ 临城火车站旧照

※ 临城劫车案中被劫上山的外国人质和劫匪

※ 匪首孙美瑶和外国人质

※ 临城劫车案被劫后的火车

劫匪用枪托敲打着车门，叫嚷着：

"开门！快开门！"

睡在头等卧车中的英国人罗斯不肯开门，劫匪撞开门，一枪把他打死了。此时，车内一片混乱，乘客们大声尖叫，乞求劫匪饶命。劫匪抢完财物，便两人挟一人将乘客绑走，只有少数乘客跳进麦田逃脱。

被绑外国人质共26人，他们大部分仅穿睡衣，来不及穿鞋。被押途中，天突然下起了雨，这些平日斯斯文文的外国人，一个个惊慌失措，磕磕绊绊，好不容易被劫匪拖到抱犊崮山麓的巢云观，他们失去了自由。

不用说，这场劫持就是孙美瑶干的。

孙美瑶最初劫车的目的是希望能让官府将他们收编为一个师，他可以担任国军的师长，这样就等于有了"铁饭碗"。但是，当他们发现这些劫持的旅客中有这么多的外国人，就改变了当初的想法，从一个师上升到三个师，同时还以拖延谈判的方式向政府施加压力。他们提出的绑额是：坐三等车的每人100元，坐二等车的每人300元，坐头等车的每人500元。

各国驻北京的公使很快知道了临城劫车案以及洋人被绑架的消息，英、美、法、意、比五国公使立即向北京政府提出交涉。上海美侨甚至打电话给美国总统，请求迅速营救被掳的侨胞；驻北京的美军则要求采取军事行动，美国国防部长甚至公然扬言要对中国出兵。当时日本虽无侨民被掳，但也乘机煽风点火，鼓吹要"组织国际联军"来共同管理中国铁路。

5月9日，五国公使宣称，限北京政府于3日内将全体人质救出，否则每隔24小时要加倍赔款若干。别看北洋军阀政府在中国大地上胡作非为，但是对洋人可是奴颜婢膝，现在看到这些洋人官员发怒了，北京政府惊慌失措，赶紧召集全部力量寻找解决的办法。

在这次被绑架的外国人中有两名法国人，分别是裴雨松·雷狄和贝路氏。裴雨松·雷狄，人称雷狄主教，是上海董家渡天主教堂的神甫。他和法国驻沪领事馆等机关关系密切，奉命在上海和南京等地以传教为名暗地里进行间谍活动。据说他曾在第一次世界大战时获得"勇士"奖章。他这次奉命携带巨款从上海乘火车去天津创办教堂，没想到途中遭劫。案件发生后，上海法国总领事曾悬赏：知晓雷狄主教下落的，赏银3000元；如果能将他救出来的，则赏银1万。总领事已经下令了，巡捕房自然不敢怠慢，将营救作为头等大事来对待。

5月7日，孙美瑶下令先将外籍女人质释放，让她们给政府军捎信说："须将围山部队撤出10里以外，否则被俘外侨均将被杀。"这封信是一个叫鲍威尔的记者写的，他精通汉语，用英语和汉语各写了一封，劝告政府军不要进攻，须和平解决，19名被绑的外籍男侨都被迫在信上签下了自己的名字。

为了避免危及外侨的生命，驻京外交公使们一致要求同意绑匪提出的

第六章／人生巅峰

※ 谈判地点枣庄中兴煤矿

主张，和平谈判解决此问题。

从5月12日起，迫于外交使团的威胁，山东督军田中玉和省长熊炳琦、交通总长吴毓麟、徐海镇守使陈调元、江苏省交涉员温世珍、曹锟的代表杨以德等重要人物，先后到枣庄进行谈判。那些外国公使等也亲自来到枣庄，督促谈判。

其实，早在这之前，政府所派遣的包围抱犊崮的军队已经有一年多没有得到军饷了。士兵们没有办法，便暗中和土匪勾结，私下进行交易。官兵将枪支弹药卖给土匪，土匪付给他们银元。双方相互依靠，各得其所，显得异常亲密。

省督军田中玉早就知道这些情况，但他从未插手此事，总是睁一只眼闭一只眼。但是现在不行了，各方的大官员都来到这里了。如果那些大胆的土匪再将这些官员劫走，后果更是不堪设想。为了保护这些官员的安全，以防万一，他特意将济南的亲信军队大约1000多人全部调来，以保卫谈判官员的安全。

第一次谈判是在枣庄的中兴煤矿公司举行的，双方的代表分别是：政府方面为田中玉、熊炳琦，孙美瑶方为周天松。在这次谈判中，周天松提出了三个条件：

第一，将围困抱犊崮的政府军解除，退回到原防。

第二，收编抱犊崮部众为政府军混成旅，任命孙美瑶为旅长。

第三，补充军火和给养。

除了第三条外，官府人员表示其他两条完全可以接受。他们提出分三批释放外侨。条件谈妥之后，双方便准备签字。

签字时，周天松要求在场的外国人和邹、滕、峄三县的绅士都需在条约上签字。他们这样做的目的是防止官方不讲信用，出尔反尔。因为在这之前，就曾有这样的事情发生，官方背信弃义的事做得太多了，谁都不相信了。官府同意了这个要求。

但是，就在条约已经签字，官府已经下令将围困抱犊崮的政府军撤出，委任孙美瑶为招抚司令官时，孙美瑶突然扯碎了委任令，自称是"山东建国自治军总司令"，给田中玉写了一封信，要求政府军再撤退100里，给山中提供粮饷，至于其他的和谈条件，需要召集山中的首领开会讨论完之后才能确定。

原来，孙美瑶发现北京许多官员和外国官员都亲自来到枣庄解决这件事，知道这件事非同小可，便认为自己当初提的条件太低了，开始后悔了。他想：既然这些人对被劫的旅客如此重视，我为什么不趁机大捞一笔呢？因此他才撕毁了已签好的条约。

孙美瑶毁约的消息传出后，各方惊愕，外国公使再次照会北京政府，要求立刻谈判，绝对不许动武，一定要和平解决，绝对不许伤及外侨的性命。山东当局没有办法，只好继续和平谈判。

孙美瑶再次提出了和谈条件，但这次更加苛刻了，要求任命张敬尧为山东省督军，将他们改编为两个师，将邹、滕、峄三县划作他们的割据地；在百里以内，政府不能驻扎军队；对苏、鲁、皖、豫四省像他们一样的人员也要进行收编，同时要求英、美、法、意、荷、比六国公使签字担保等。

条件太苛刻了，政府官员认为和谈根本无法进行下去。田中玉立即到达北京，提出改抚为剿的策略，代理内阁总理也认为必须采用这个办法，还连夜召开了内阁会议，准备另派人员去"剿匪督办"。但是，外国公使得知这个计划后，坚决反对，曹锟也认为这个方法不可取。田中玉担心曹锟出来反对，便立即赶到保定，向曹锟报告说，他并不是真剿，名义上是剿，而实际上仍旧是招抚，只不过是采用这个方法来震慑对方，迫使其放弃过于苛刻的条件，重新谈判。

很快，已经撤退的军队再次围拢上来，孙美瑶等人一看果然害怕了。于是，他们又在这些被劫的旅客中挑选了一名外国人，到山下与官方接洽。这次选择的人就是雷狄主教。他们认为外国的和尚应该比其他人更值得信赖，要求他在3天之内必须回来，同时还派了两个随从进行监视。

没想到，这个雷狄主教和两个随从竟一去不复返了。

原来，这个雷狄主教原本是一个养尊处优的人，被关押几天后，因为饮食条件差，再加上天气炎热，恐惧担忧，心力交瘁，病倒在一座山神庙中，生命垂危。跟随他的两个人员只好一个留在庙里监视，一个准备回去哨所向土匪头目报告。

再说法国巡捕房这边，因为上级的压力，他们想尽了办法去营救雷狄主教。黄金荣自己也不敢松懈。但是，山东距离上海过于遥远，他在那里根本没有眼线，要侦破此案也是难上加难。后来他还曾亲口对他的管家回忆说，当时他还曾到城隍庙去拜菩萨烧香求签，但没有任何音讯和效果。

就在黄金荣一筹莫展的时候，事情出现了转机。有个叫韩荣浦的人，他是山东临城人，是吴佩孚的手下。他当时从临城到上海去办事，没想到被偷走了100元，他非常懊恼，就想找法租界当巡捕的一个朋友隋某打听消息。隋某当即将这一情况向黄金荣做了汇报，并带着他来见黄金荣。黄金荣一听说他是临城人，不禁想到，可以从这个人身上打开一个突破口。于是他向韩荣浦详细询问了临城劫案的情况。韩荣浦长期在军界活动，对山东的匪情有一定的了解，为了黄金荣也能帮助他，便详细地做了分析。黄金荣听后受到很大的启发，当即给了他150元，并让他立即回去打探雷狄主教等人的情况。之后，黄金荣立即带领人马动身去山东，并化装潜入山区，设法营救雷狄主教。同时他还叫上了曹县民的弟弟曹启民，因为他懂得法语。

　　黄金荣一行到了山东，马上在当地雇了一个向导并向雷狄主教病倒的那座庙赶去。

　　经过一天的艰难跋涉，他们终于在夜间赶到古庙。这座庙不知是什么时候修建的，庙门已经没有了，大殿也倒塌了，只有大殿旁边的两间偏廊还在，但也是杂草丛生，凋敝不堪。

　　黄金荣等人立即闯进破庙，两个随从人员根本没有料到在这深山中还

※因临城劫车案告破，吴佩孚成为第一个登上《时代》封面人物的中国人。

会有人在半夜闯进来，根本没有防备。就这样，他们在眨眼之间就被制服了。

黄金荣厉声问道："你们这里还有几个同伙？外国人有几个？他们现在在哪里？如果敢撒谎，就要了你们的命。"

两个人看到这些人闯进来，已经知道来者不善，又看到他们手中握着手枪，早就吓得魂都飞了，哪里还敢撒谎。听到黄金荣的问话，两个人浑身颤抖地低声答道："我们看押的只有一个大鼻子外国人，是山主让他去官方那里和谈的。结果在两天前病倒了，只好在这里歇脚，就在隔壁的屋子里。我们俩是山主派来监视他的，这里没有其他人了。"

黄金荣立即来到隔壁，用灯光一照，只见一个黄发披面的外国人僵卧在地上。这个人听到脚步声，以为是来杀他的，惊慌地缩成一团，嘴里还不停地叨念"上帝保佑"。曹启民走上前去，用法语向他询问，结果得知他正是雷狄主教。黄金荣等人听了，惊喜不已，赶紧招呼人过来，将雷狄主教抬出了这座破庙。

雷狄下山后就没有再返回来，孙美瑶等人既惊讶又气愤，觉得外国人也不讲信用，想杀几个外国人出出气。手下人劝说，这样做对他们没有任何好处，一旦撕破脸皮，吃亏的只能是他们。孙美瑶想想的确有道理，这才作罢。

因为此时官方的态度强硬，劫匪不得已又将鲍威尔派下山去，限他两天之内回来。鲍威尔下山后，向官方转达了孙美瑶再次提出的三个条件：

第一，给他们发六个月的军饷。

第二，将他们一万人收编。

第三，任命张敬尧为山东督军。

官方再次拒绝了这些条件，鲍威尔返回山上。随后，田中玉立即命令政府军加强合围攻势，同时派飞机绕山飞行发传单。孙美瑶无奈，只好再次派鲍威尔下山转达两个让步的条件：

第一，政府军解围撤退。

第二，将他们收编为两个旅。

这次，官方同意了他的要求，但同时也提出两个条件：

第一，先释放三分之二的外宾。

第二，收编以有枪者为限。

和谈终于解决了，外侨被全部释放。孙美瑶的部众正式改编为"山东新编旅"，他担任旅长。但是，他只担任了6个月的旅长，就在次年的12月19日在枣庄被诱杀了。

黄金荣等人将雷狄主教护送到上海后，法国领事等接到电报后亲自赶到车站迎接。

此次，黄金荣是冒着生命危险深入虎穴，将雷狄主教救出来的。因为他的办案能力和对法国主子的忠心，不但获得了3000元的奖金，还被提拔为法租界麦兰捕房华人的最高职位——督察长。从此，黄金荣可以直接管教从前和他一起平起平坐的探长和包探了，有时甚至还掌握着生杀大权。一些洋人探长在他面前也不得不躬身点头，巴结到他的门下。

黄金荣的权势越来越大了，名气也越来越响了，成为上海的一枝独秀，在法国巡捕房中格外引人注目。

>> 辉煌的三鑫公司

1924年，三鑫公司成立，很快这个公司就为黄金荣、杜月笙、张啸林带来了巨额利润，黄金荣也成为上海财富圈中最有实力的人物。

三鑫公司的总部设在法大马路惟祥里，设有铁门。平时有保镖守卫公司，同时还有法租界派出的安南巡捕。办事处有两个：一个是在自来水街宝成里2号，一个是在黄金荣公馆附近的格洛克路，都有巡警守卫。他们

※ 上海"三大亨"合影

还在法租界的腹地杜美路建立了大型的鸦片仓库。三鑫公司的主要业务就是为中外鸦片烟商提供保护,并收取费用。

从三鑫成立之日开始,三个流氓大亨就向各烟土行发出了通知:

今后凡在上海贩运鸦片,须向本公司交纳鸦片总金额百分之十的保险费，由本公司负责保护，遭意外，本公司赔偿全部损失。

上海各烟土行的老板听说三鑫公司是上海滩"三大亨"开的，后面还有法租界巡捕房撑腰，纷纷前来投靠，只要是贩运鸦片的，就都请三鑫公司做保护。

三鑫公司所获得的巨额保险费主要分为三部分：大三股、中六股、小八股。大三股分别由黄金荣、杜月笙和张啸林三人分享；中六股则由范回春、金廷荪、顾嘉堂等六个心腹获得，小八股则分给再次一等的手下。

黄金荣、杜月笙、张啸林三人将三鑫公司作为贩卖鸦片的大本营，大发其财。三人各有分工。张啸林依靠何丰林的人马将鸦片从吴淞口运到十六铺，再由杜月笙派人包运到法租界，在法租界内由黄金荣提供通行证。

鸦片入库后，由公司和捕房分别开条盖戳，然后从土商那里得到保护费，一般的保护费为鸦片总值的10%，土商们交纳保护费后，就像上了保险一样，如果出现意外，三鑫公司会照价赔偿。

就这样，三人成为上海滩赫赫有名的贩毒集团的首领。

其实，三鑫公司不单收取土商的保护费，他们还垄断了法租界的鸦片交易，公司和法租界当局协商后规定：只要是法租界内销售的烟土，都必须贴上三鑫公司的印花，否则就不能作为商品出售。这样一来，公司只是卖印花这一项就获得了大笔财富。

鸦片商人为了让自己的货物更加安全，对交纳的保护费和印花税没有什么异议，这样可以使货物得到租界和流氓的双重保护，最后这笔费用可以完全转嫁到消费者的身上。他们很愿意和三鑫公司合作，以保证自己的利润。

除此之外，三鑫公司还有第三个业务，就是直接参与鸦片的贩卖。中

※ 旧上海三鑫公司办公处

华烟馆、宝裕里烟馆都是由它直接设立的。实际上,三鑫公司是包销鸦片的超级大型土行,而且它的特殊背景和经济实力,使得它能够操纵鸦片价格的涨落。

黄金荣凭借着流氓集团的巨大力量,以及租界殖民者和军阀的背景,使得三鑫公司不但独霸了法租界的鸦片市场,还在公共租界中也插了一脚,在很大程度上控制了公共租界的地下鸦片市场。不仅如此,他们的业务甚至扩展到了全国，随着时间的推延，其涉及的地区更加广阔了。

至于三鑫公司每年的具体收入有多少，没有一个确切的数据，但是，根据资料显示，三鑫公司每年的收入可达几千万元。根据1923年8月11日上海《时报》的报道，《字林西报》刊登了这样的文章：

> 据确实消息，上海于近五六年中，闻有许多著名华吏，与租界内之一西人团体，会同经营此事……最近在吴淞渔船上，查出大宗私土，值一百万元，曾经扣留若干时，后即开释……上述之机关，据云专门收费，其中人物闻有中国武人、警官、文官、查烟员及租界巡捕与流氓等，若辈专为保护私贩，得安然在上海登岸，私土均分作一磅、二磅包装，作圆球形，该机关收费，自半元至一元不等，另加保险费，每盎司一元，今年正月十号，某官吏谋私运土三百箱入吴淞，即由机关中人扣留，因事前未接洽，私土即将充没，幸经某武官及侦探到场调解，卒由该官照付巨费，将土领回云。近来私运之范围渐大，每月吴淞一处上岸之土，在一千箱以上，每箱平均两千八百盎司，每盎司该机关收费一元，每月收入有二百五十万元，或一年三千万元之多。

瓜分公司利润的还有另一股势力，就是法租界当局，鸦片税是法租界的主要税收来源之一，在其财政收入中占有重要的地位。在法租界内，上至法国总领事，下至一般的捕员小吏，都可不同程度地获取鸦片的利润。除此之外，中国地方政府和军阀也从中获得了一定的好处。黄金荣凭借其在上海的地头蛇的特殊地位，曾先后和各种军阀势力交往，卢永祥、何丰林、孙传芳等人对可以坐享巨额银饷的三鑫公司大开绿灯，尽力保护。

1925年5月，法租界公董局董事布卢姆和三鑫公司再次签订了一份协

※ 杜月笙担任三鑫公司经理时与上海市银钱业同人联谊会监事合影，前排左五为杜月笙。

议。这个协议规定：在法租界内可以再开20家鸦片零售店和一些土行；公司要给巡捕房支付14万元的资金，以后每月要向巡捕房预付8万元的烟税，同时需要提供保镖制服等；向所谓的"欧洲委员会"支付进库鸦片每箱250元；除此之外，每家烟土零售商每月要向租界交纳500元；在启运鸦片时需要事先通知巡捕房；巡捕房将对非本公司的土商进行打击，以保护公司的利益。

这个协议进一步巩固了三鑫公司和法租界之间的牢固的同盟关系。

同年10月，孙传芳控制上海，和黄金荣商议，以张啸林、杜月笙为高级参议和三鑫公司合作。孙传芳派兵保护鸦片，帮助公司将黑道中的对手铲除，而公司则每年给他的部队支付1500万元的报酬。

1926年，中华国民拒毒会展开了禁毒活动，法租界当局无奈之下在租界内举行了一次象征性的搜查，而这又给了三鑫公司可乘之机，使得公司的营业重心从保运发展到了保销。当时的上海《时报》这样报道：

> 本埠烟土贩卖，自法租界大举，接受拒毒会之报告，举行一次搜查后，目下暗中有军舰为之保护，不受海关检查。各土行近日门市，亦甚佳，大者每日千余元；小者亦至少六七十元。各土行每月之秘密费，每家至少亦须千元，各土贩设有两种公司：一为保运公司，以运动当局，保护烟土往来，不遇任何危险为专责；一为保销公司，以运动许准暗中贩卖烟土为专责，以杜某为之长，收入甚丰。闻各土贩风，神通广大，设当局下午将往某土行搜土，而该土行已早于上午接得报告，先事筹备，届时搜获者，不过零星数两或数磅之土而已，反之若保险之土行，事前未获得报告，而突遭首搜查者，则所受之损失，由杜某立即赔偿之，各土贩等暗中有此保护，遂有恃无恐。

三鑫公司是黄金荣等人又一绝世"杰作"，它使得黄金荣集团和殖民者以及地方军阀的联系大大增强。黄金荣集团更是一跃成为上海乃至中国最为庞大、最有势力的近代城市帮会组织。

>> 独吞大世界

在当时的上海，几乎人人都知道有几个半骗子：一个就是专门做本轻利重的黄楚九，一个是能用1元钱做10元钱生意的虞洽卿，一个是制卖假药劣药的徐重道，还有半个骗子就是在南京路虹庙开测字算命店的瞎子吴鉴光。

黄楚九，字晓臣，名承乾，1872年4月9日生于浙江余姚，据说是明末清初大思想家黄宗羲的后代。他从小跟随父亲学医，专攻眼科，曾在英租界开诊所。

※ 黄楚九

黄楚九15岁的时候，父亲去世了，他跟随母亲来到上海，从此在上海闯荡天下。他做过很多行业，有"众家经理"之称，他擅长经营，有独到的眼光。行医没有多长时间，他就发现，做医生不但非常辛苦，还很难发大财。要想发财致富，过上人上人的日子，还不如卖药呢。有了这样的想法，当然也没心思行医了，于是，他弃医经商。1890年，他在西藏路八仙桥开设了中法药房，制造成药。他首先制售的是"女界宝"，据说是专门治疗妇女月经不调的，实际效果并不好。然而，当时的中国人，并不看重实际效果，只要是广告做得好，销路就很好。黄楚九深谙其中的奥秘，不惜花大价钱在大大小小的报纸上做广告。除此之外，他自己也担当推销员的角色，亲自到各个药房去推销这种药，他一副文质彬彬的样子，很容易让人信以为真，产品的销量出奇的好。

黄楚九从制售"女界宝"中获得了很多利润，于是又开始制售"艾罗补脑汁"，这种药的原料是黄色的糖浆，在其中配上草药，装入小瓶。药瓶上贴有说明书，说经常服用此药，不但可以药到病除，还能延年益寿，药效非凡。经过大肆宣传，这种药不但在上海畅销，甚至还销到全国。将廉价的糖浆当做补药卖，黄楚九又获得了巨额的利润。

在这两种中药上大赚了一笔后，黄楚九便在英租界里建造了一个厂房，购买了一些旧机器，开设了九福制药公司，又制作了一种叫"百龄机"的成药。这种药和"艾罗补脑汁"的制作原料差不多，成本低得不能再低。制成后，他又大张旗鼓地宣传，说常服此药可以舒筋活血，强肾补脑，延年益寿。除了报纸上做的广告，黄楚九还在电线杆、广告牌、房脚屋墙等公共场所张贴广告，夸大宣传他的产品有多么好。为了扩大宣传面，他甚至在戏装上绣上了"百龄机"三个字。经过排山倒海般的宣传，"百龄机"又成了畅销产品。1923 到 1926 年，"百龄机"为黄楚九赚得 120 万利润。

※ 上海中法大药房海报

黄楚九利用这些药品，在不到 10 年的时间里，就从一个小小的眼科医生一跃成为几个药厂的大老板，开始在上海滩崭露头角。

但他对此并不满足，看着还有那么多比他富有、比他财大气粗的人，他就不服，特别是看到开游艺场非常赚钱后，他也蠢蠢欲动了。1912 年，他在浙江中路湖北路和九江路的交汇处开设了新新舞台，开始涉足娱乐业。

第二年，黄楚九和英国买办、"地

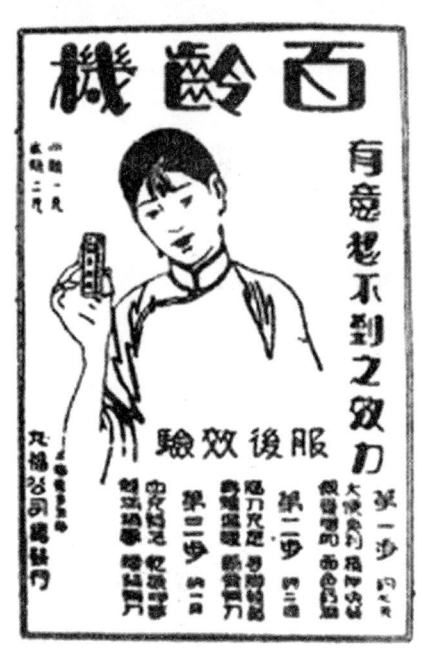
※ "百龄机"海报

※ 上海第一家游乐场——楼外楼

皮大王"经润三集资,在新新舞台的顶上创办了上海第一家游乐场——楼外楼(当时又被称为"屋顶花园")。这家游乐场最吸引人的是首先采用了电梯送客上下,还引进了当时罕见的新奇玩意——哈哈镜。

1915年,黄楚九和经润三再次合作,在静安寺路泥城桥附近的"跑马厅"处又开办了新世界游戏场,由黄楚九出任经理。"新世界"里设有京剧、滑稽、曲艺演出场所,还有电影院、溜冰场、弹子房等。除此之外,还为客人设置了菜馆,供应中西菜肴、各色小吃等。有钱人在这里尽情地吃喝玩乐,新世界生意盛极一时。但是,就在"新世界"开张仅仅一年的时候,"地皮大王" 经润三突患脑出血而死,他的妻子、外号"女大亨"的汪国贞参与到新世界的管理中。汪国贞是个女强人,经营能力比她丈夫还要强,黄楚九经常和她发生矛盾,最后终于闹翻了,黄楚九一气之下从公司撤股,决定要办一个范围更大、内容更丰富、百戏杂陈的娱乐场所,和"新世界"一比高下。很快,他就组织了一个"大发公司",因为经营"新世界"出了名,这次吸引了不少投资者,连有名的辫子大

※ 上海"新世界游乐场"里的哈哈镜

帅张勋也投资入股,很快集资了80万,准备选址建造"大世界"游乐场。

黄楚九本想将游乐场选择在英租界,但是,这里是经润三的势力范围,很难和他的妻子等人相抗衡。于是,黄楚九将地址锁定在了法租界。法国驻沪领事甘司东得知后,特意派了一个手下和黄楚九联系,告诉他如果来法租界开办游乐场,一定会给予方便和保护。

有了法国领事的撑腰,黄楚九更有信心了,他很快就花了10万元在法

※ 上海"新世界游乐场"

租界的爱多亚路口新桥堍买下了一块儿地皮,准备建造砖木结构的两层房屋。

为此,1917年2月15日,黄楚九特意在《申报》上刊登了一则启事:

大发公司大世界

敬告脑筋新颖诸君:

本公司在西新桥堍英法交界繁盛之区,以基地九亩八分创建大世界花园大游戏场屋顶花园。现在绘图,下月初即当兴工建筑。敬告脑筋新颖诸君,如有特别游戏为沪上所未有者,或需设置机括或须建造房屋或欲设立特别商柜,可于午后2时至5时请至宁波路广西路转角本公司事务所与敝人面商。进行或由发明之人承办或由公司合办或聘请经办,以便从容设布为荷。

大发公司总经理黄楚九启

※ 上海"大世界"今貌

"大世界"要建造在法租界，黄楚九就不能不去拜"土地爷"——黄金荣。于是，在虞洽卿的介绍下，黄楚九到钧培里拜会了法租界的大人物黄金荣，他准备了一个红帖和一份厚礼，投在了黄金荣的门下，成为他的门生。黄楚九之所以要认识黄金荣，是因为黄金荣在此地负责治安，"大世界"这类游艺场所要想处处"摆平"，少了黄金荣的支持是不行的。

这年3月，"大世界"开始动工兴建。经过4个月的建设，大世界在7月14日，也就是法国国庆节这一天开张了。黄楚九亲自选定的这个日子，主要是为了讨法国领事的欢心。

黄楚九了解到上海人好奇，就想尽办法在"新"和"奇"上下工夫，以满足市民的欲望。"大世界"中设有剧场、电影场、书场、商场、中西餐馆等，其面积是"新世界"的两倍。同时，场内各处还装置了一些带有赌博性质的玩具，如拉电铃、打气枪、套金刚、扭弹子等，凡是有钱可赚的设施，在"大世界"里都可以找到。

"大世界"刚一开张，就吸引了几乎全上海的人。每天接待的游客竟然高达2万人，钞票源源不断地流进了黄楚九的腰包。与此同时，"新世界"、"神秘世界"等游乐场所都因为"大世界"的逼人声势而倒闭了。

得意的黄楚九又在"大世界"内开设了上海日夜银行，1919年底开始营业，首创24小时营业。它完全改变了以往银行周日休息、平日下午5点关门的惯例，大大方便了客户存取款。如果一次性存进100元以上，客户就可以获得两张"大世界"的门票。这些新奇的手段，立即使客人如潮水般涌来。

于是，黄楚九又将客户存来的钱，移东补西，扩展大世界游艺场的事业。同时，还在北四川路虬江路口和浙江路宁波路口分别设立了两个分行。

黄楚九蒸蒸日上的生意很快轰动了全上海，更引起了一个人的过分关注,这个人就是黄金荣。对于黄楚九的一系列的成功,黄金荣早就眼馋了,但始终没有机会下手。

1927年,上海西药业工会改组为新药业同业工会,并推选黄楚九为第一任主席。此外,黄楚九还担任了上海总商会的执行委员。

但是,这位已经得到大家公认的商业巨子并不知足,他很快就将大量的现金和银行存款投入到了地产和股票买卖之中,还通过虞洽卿向荷兰安达公司投资了20万元建造轮船。

而此时,1925年上海发生了"五卅运动",再加上军阀混战,大量农民沦为难民。又因为第一次世界大战结束,欧洲各国为了恢复元气,大量生产商品,相互竞争。结果,在外国商品倾销之下,上海的经济突然萧条下去,他所建造的房屋出租不出去,投资房地产业失败了。同时,他开设的黄隆泰茶叶店、四合兴点心店等各店铺也都不景气,日夜银行因此受到

※ 上海"五卅惨案"集会现场

牵连，黄楚九整天为了调"寸头"而不停地奔波。

黄金荣了解到这些情况后，认为时机已经到了，便策划了夺取"大世界"的阴谋。黄金荣先是派人对黄楚九的实际经济情况做了充分的调查，发现"大世界"每天的门票收入依旧达600多元，去掉各项成本开支，还能净赚300元，这样，一个月依旧有近万元的收入，一年可达10万元。而此时，日夜银行因为所有存款都拿去投资，一时收不回来，已经周转不灵了。黄金荣决定以日夜银行为突破口，将黄楚九搞垮，进而夺取他的"大世界"。

在黄金荣的策划下，他的门徒开始暗中奔走，不久，就传出风声说，日夜银行的存款已经被黄楚九提走了大半，而黄楚九已病入膏肓，到杭州躲避风头了。在日夜银行有存款的人一听到这个消息，立即赶来取款。很快，日夜银行的门口就排起了长长的队伍。

黄楚九得知这一消息，立即从杭州回到上海，一方面，立即调集资金，以地产契约为抵押，募集了31万元，又向亲朋好友借贷5万元；另一方面，汽车上装着铁箱、麻袋赶来日夜银行，这是他制造的假象，让人们误以为是给银行送现金来了。经过这些措施，挤兑风潮暂时得以缓解。

黄金荣眼看着自己的计划就要落空了，当然不会善罢甘休，又指使他的门徒到日夜银行去提取一笔巨款。这时，黄楚九才知道原来这股风潮的源头竟是他多年孝敬的黄金荣，他又气又急，结果病倒了。

1931年1月19日，黄楚九病逝，终年59岁。他在临死前，口授遗嘱，恳请虞洽卿、王延松、叶山涛、赵芹波等人在他死后组成处理善后事宜委员会，希望他们能保护他的妻子和儿女应得的利益。

按照他的遗嘱，虞洽卿等人在他死后组成了善后委员会，宣布对黄楚九的财产进行清理整顿。委员会决定，除了日夜银行交由徐永祚处理外，其余均照常营业。这也意味着日夜银行正式宣告破产。

几天来，不停地有债主上门追债，有时一天之内竟然达千人。一部分债权人还组成了债权团,掌握了大世界和黄楚九的其他企业,同时聘请律师要求用黄楚九的全部资产来抵偿债务。

黄楚九死后,手下的助手也纷纷趁火打劫,其实觊觎"大世界"的远不止黄金荣一人,只是慑于黄金荣的势力和淫威,很快,这个债权团就被黄金荣和他的门徒控制了,在法租界当局的支持下,经过一番较量和讨价还价,最后,黄金荣出资70万元将"大世界"买下了。而实际上,黄金荣并没有真正地将钱拿出来,只不过是承担了大世界的债务而已。而黄楚九的遗孀和守寡的长媳各得4万元的生活费,黄氏财产被掠夺一空。

黄楚九欠别人的钱黄金荣不想还,但别人欠黄楚九的钱他却想着一定要讨回来。他通过虞洽卿从荷兰安达轮船公司讨回了20万元,用这笔钱还清了大兴营造厂、通商银行的贷款和零星债务。之后,他又将"大世界"沿马路商店的老板们叫到一起,声称因为办理过户手续,每家需要交纳3000块银元,不交者将房屋收回,结果他又敲诈到了4万多元。就这样,黄楚九辛苦创下的事业,落入了黄金荣的手中。很快,黄金荣的"荣记大世界"便正式登场了。

1931年5月30日,荣记大世界举行了成立大会,大会宣布荣记大世界公司成立。委员长和经济委员由黄金荣担任,监察委员由顾无为、唐嘉鹏、江倬云等人担任,大会主席黄金荣还特意做了一番致辞:

> 鄙人承蒙荣记胜利公司同仁,公举为委员长兼经济委员,事情难却,惟希本公司同仁及职员等,和衷共济,各尽厥职,勤勤恳恳,务以营业为前提,从今伊始,整理游艺,一新耳目,要以增多游客为第一目标,务使济济游客,乐游兹土……瞭望前途,愿与同人共勉之。

另外，公司的经理由黄金荣最得意的门徒唐嘉鹏担任，方锦堂担任会计，夏士奎担任稽查头目。

6月1日，上海报纸登出消息，"大世界"挂上了"荣记"两个字。公司开张后，门票的价格降了很多，很快，"大世界"恢复了往日的热闹场面。

黄金荣的这个荣记大世界公司不但是一个娱乐场所，还牵连到一些政治事件。

20年代后期开始，国民党内部和各地军阀势力为了争夺中央政权，展开了激烈的争夺，其中一个重要的人物就是汪精卫。他在广州为争夺国民党中委名额和胡汉民决裂后，便来到上海，准备和蒋介石合作，而蒋介石也正有此意，于是两个人在上海举行了一次密谈。会谈后，汪精卫准备选举产生10名汪派国民党中委，并请求蒋介石代为寻找开会的场所。蒋介石是黄金荣的门生，这事自然不在话下，于是"大世界"的共和厅便成为汪派的理想集会之地。

1931年12月3日，"大世界"铁门紧闭，营业停止，大量巡警在四周巡逻警戒。上午9时，汪精卫等到场开会，黄金荣和程子卿也到场参加。12时，10名汪派国民党中央委员被选举出来，这些人被人讥笑地称为"野鸡中委"。经过这次会议，黄金荣和汪精卫的关系更加密切了。

1937年上海"八·一三"事变发生后，"大世界"又成了收容所。当时日本人疯狂侵略上海，大批难民流离失所，露宿街头，衣不蔽体。一些人拥挤在"大世界"的门口，黄金荣看到后，命令手下打开游乐场的大门，让难民们到里面躲难。从此，上海这个最热闹的娱乐场变成了临时难民收容所。

难民的数量不断增多，黄金荣索性将共舞台、大戏院等地方也都腾出来接纳难民。每天，他都要拿出很多钱物来购买食品、药物等。他这难**得的爱国行动，受到了社会各界的好评，也使他在抗日战争中留下了闪光**

※ "八·一三"事变后，难民涌入上海租界。

的一笔。

到 1939 年底，"大世界"依旧有上千名的难民，其中很多已经找到了出路，他们白天出去工作，晚上回到"大世界"中免费住宿。此时，一批靠战争发财的工商业人士和汉奸等生活奢靡，一掷千金。黄金荣的门徒不断地向他进言，应该重开"大世界"，趁机大赚一把。

黄金荣心想，当初日本人打进上海，国民有难，自己将"大世界"献出来作为收容所，停业一年多，造成了巨大的损失，也算对得起国人了。于是，黄金荣命令"大世界"的经理丁永昌等人，贴出告示，让"大世界"中的难民全部迁出去，如果不走，就强行赶出去。丁永昌等人立即执行，在 1939 年春节，"大世界"终于又重新开张接待游客了。

第七章
美女露兰春事件

>> 在自己的地盘上竟然被绑架

此时，在法租界巡捕房，论功劳，没有什么人能和黄金荣相比，无论他走到哪里，都有人保护他，就连法租界巡捕房总监也要让他三分，可以说是威风极了。也是在这时，他的个人生活发生了急剧的变化，他爱上了京剧演员露兰春，正是因为这位美女，他从高高的霸主位子上跌了下来。

露兰春生于1898年，汉口人，从小父亲就去世了，被一个叫张师的人收养长大。后来张师带着她来到上海，张师在法租界当翻译，拜黄金荣为老头子，经常带着露兰春到黄公馆去玩。露兰春生得眉清目秀，圆圆的脸庞，雪白的皮肤，非常讨人喜欢，黄公馆上下的人都亲切地称她为"小毛团"。

黄金荣的共舞台开业后，露兰春经常跟随养父等人去看戏，一下子对京剧产生了浓厚的兴趣。黄金荣看她生得俊俏，又有学艺的天性，便为她专门请了老师。露兰春非常勤奋，很快就才艺出众。黄金荣也非常喜欢她，经常让他坐在自己的膝上唱戏，唱完后，还高兴地给她很多赏钱。

露兰春音色嘹亮，功架沉稳，承袭谭派遗风，加上有黄金荣的大力捧场，

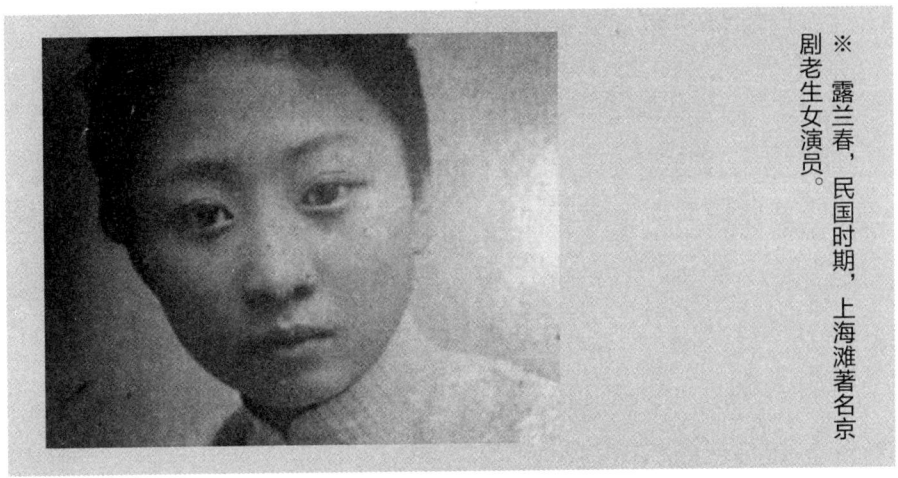

※ 露兰春，民国时期，上海滩著名京剧老生女演员。

很快就成了共舞台的台柱子，金钱财宝源源不断地流入了黄金荣和露兰春的腰包里。当时她只有十四五岁，主演的《独木桥》、《宏碧缘》等深受观众的喜爱。每次演出，共舞台都水泄不通。在黄金荣的包装之下，露兰春的艺名如日中天。1921年，外商胜利公司还将她最精彩的唱段《莲英惊梦》灌制了唱片，这些唱片在上海滩销售火爆。

18岁之后，露兰春更是出落得如花似玉，她扮相俊美，音色嘹亮，还会使用真刀真枪。黄金荣越发觉得这个"小毛团"讨人喜欢了，已到天命之年的他对这个自己亲手培养起来的摇钱树起了色心。

露兰春怎么也想不到，这个一向被自己当做长辈看待的"黄家公公"竟然会对自己想入非非。她只要一看到他那一脸横肉上散布的一颗颗麻点，就感觉像蚂蚁爬到自己的身上一样，内心的厌恶无以复加。但是，黄金荣有权有势，容不得她不答应，可是，她又实在不愿意嫁给他，于是就采用拖延战术。就在黄金荣等得急不可耐之时，半路却杀出个程咬金。

露兰春唱红上海滩后，引来很多人的关注，其中有一位就是卢永祥的儿子卢筱嘉。当时，卢永祥控制着上海、浙江，担任浙江督军，淞沪护军使何丰林是他的部将，可以说势力非常大。当时卢筱嘉22岁，和孙中山的儿子孙科、张作霖的儿子张学良、段祺瑞的儿子段宏业并称为"民初四大公子"。

这个卢筱嘉年少气盛,风流倜傥,仗着老爹的权势,整天出入于酒楼、剧院、舞厅等场所,过着一掷千金的生活。

卢筱嘉最喜欢听戏,当他看到上海几乎所有的报纸上都在追捧新角露兰春的报道时,不禁心动起来,带着两个手下直奔共舞台而去。很快,他就被露兰春那种媚人的娇柔深深吸引了,这位公子哥决心一定要将她弄到手。

这一天,卢筱嘉再次带着两个手下来到共舞台看露兰春演《路马湖》这部戏。

此时的共舞台又是座无虚席,除了每场必到的黄金荣外,上海滩上的著名人物虞洽卿、杜月笙、张啸林等也都到场了。

此时的露兰春因为这几天生病了,浑身无力,结果在演到将腰上的垂带踢上肩头时,连踢了三下都没有成功。这个动作是作为演员最基本的腿

※ 旧上海大戏院表演

子功,就连三流的武生都不在话下。台下的观众看到后,因为慑于黄金荣的威势,没有敢声张的。但卢筱嘉平时作威作福惯了,无所顾忌,当下便怪声怪气地喝起倒彩来。露兰春从未受过这样的羞辱,顿时头晕目眩,差点晕过去。

此时,台下的黄金荣也被气得大发雷霆:"想不到在上海滩竟然有人敢在我黄金荣头上拉屎,怎么拉的怎么给我吃掉!"

说着,他一挥手,手下的人立刻心领神会,快速冲到卢筱嘉跟前,不由分说就给了他两个大耳光。

卢筱嘉只带了两个保镖,看到黄金荣人多势众,没敢还手,便带着手下逃跑了,临走时还丢下一句狠话:"黄麻皮,不出三天,老子叫你尝尝你家小爷的厉害!"

卢筱嘉连夜赶回杭州,将事件经过向父亲说了一遍。卢永祥听后非常气愤,立即让秘书给淞沪护军使何丰林拟了一封电报。

※ 黄金荣,1868年(清同治七年)生于江苏苏州,祖籍浙江余姚,1900年(清光绪二十六年)在上海法租界巡捕房当巡捕。上海青帮最大的头目,门徒达1000余人,操纵贩卖鸦片、赌博等勾当。

第二天，黄金荣正坐在戏院中津津有味地看着露兰春的演出，突然，一批携带枪的人闯入他的包厢，还没等他弄明白是怎么回事，就被这些人给带走了。随后，他才知道他得罪的原来是卢永祥的儿子。就这样，赫赫有名的大亨、有着几千个弟子的黄麻皮黄金荣在自己的地盘上被抓到何丰林的司令部所在地华龙，还被关了起来。

　　林桂生得知黄金荣被抓后，吓坏了，哭哭啼啼地找来杜月笙、张啸林等人商量解救的办法。三人知道，这件事能否妥善解决，不但关系到黄金荣的地位、声誉，而且关系到"三鑫公司"的前程，丝毫不能掉以轻心。

　　三人商量完毕后，开始分头行动。张啸林前往杭州，亲自向卢永祥求情，杜月笙则去见何丰林。林桂生经过打探得知何丰林的母亲信佛，于是带着一尊金观音和一尊竹根罗汉，径直去龙华拜访何老太太。

　　费了九牛二虎之力，黄金荣被关押一周后终于被放了出来。黄金荣，这个上海滩大亨因为女人争风吃醋而被"收作"，颜面丢得相当严重。

>> 为了新欢抛旧爱

　　卢筱嘉事件被人们称为黄金荣的"跌霸"，对黄金荣的"事业"产生了一定的影响。但他当时却根本不在意，非但没有检讨自己的过失，反而下决心要把美女露兰春弄到手。但是要将露兰春娶到手也不是一件容易的事情，他首先就要过林桂生这一关。

　　林桂生可不是一个简单的女人，在黄金荣发迹的过程中，她起过至关重要的作用，经常为他出谋划策，可以说，没有林桂生也许就不会有黄金荣的发迹。过去，尽管黄金荣色心不轻，但是对林桂生还是礼让有加，对她言听计从，所以她在黄公馆的地位也是举足轻重的，一直是主事的内当家。可惜，人都有老的时候，尤其是那个时代的女人，年老色衰，就难逃被遗弃的命运，特别是在黄金荣成为上海滩一霸时，林桂生已经是人老珠黄了，所以黄金荣平时在外面逢场作戏，她都睁一只眼闭一只眼，但是现在看到黄金荣对露兰春的态度，她知道，这一次，她的未来很不妙。

黄金荣想娶露兰春是不惜一切代价的，不过黄金荣也觉得很难开口去和林桂生说这件事，毕竟多年一起打拼过来，于情于理都说不过去，于是委托杜月笙去说情。

杜月笙接到这个棘手的问题后，也左右为难。但没办法，师父交代的事情不能不办，师母对他也有提携之恩。怎么办？杜月笙忐忑不安地来到林桂生处试探。平时能说会道的杜月笙此时变得舌拙口讷："黄老板也是事出无奈，迫不得已。不过，我总是站在你这一边的，你们两个不是谁当大当小，而是平起平坐，可以让她坐花轿进门，但娘娘的宝座还是你桂生姐的，将来实在合不来了，随时随地扫她出门，至于财产，各有各的份儿……"

林桂生听了，勃然大怒："不行，说什么也不行！"接着，她又努力让自己平静下来，对杜月笙说："他想娶其他任何人我都不反对，唯独这个露兰春不行，我绝不赞成。这倒不是我吃醋，容不得他身边另有其人。你想想，露兰春是张师的女儿，张师是他的徒弟，露兰春叫他'黄家公公'，从小看着她长大。现在，他要把孙辈的小囡女娶来做姨太太，未免太不成体统了吧！"

林桂生表示，黄金荣再讨十房八房的小老婆，她也不会计较，但如果他坚持让这个露兰春进门，她林桂生就出门。

杜月笙无奈，只好将原话转告给黄金荣。黄金荣听了，沉默了一会儿，然后抬头大声说："我是讨定了，她要走就走吧！"

更让黄金荣高兴的是，当他向露兰春提出结婚时，没想到这个比他小30岁的女子很痛快地就答应了，但是提出了两个条件：一个是要从林桂生手中接管黄家所有的大权，第二个是必须要坐龙凤花轿，正式进入黄家的大门。黄金荣立即满口应允了，只要她同意和他结婚，别说两个条件，就是再有十个八个他也会同意的。

林桂生得知这些后，顿时心寒了，对杜月笙说："露春兰要入宫了，这样的要求麻皮也答应，那我也只有答应了。你去告诉麻皮，我跟他的缘分到此为止了。他不必多伤脑筋，我也懒得费口舌，在我走之前，给我5万元的赡养费。"

杜月笙惊讶地问："你就要5万？"

5万元相对于林桂生几十年来和黄金荣同心协力赚到的庞大财富来说，的确是九牛一毛，所以都认为林桂生要得太少了。但是，林桂生另有主意，她知道，黄金荣的家财最大的来源就是做鸦片生意的"三鑫公司"，而她在这个公司还有巨额股份，一年所得的红利就是一笔天文数字。

黄金荣听了杜月笙的报告后，立即取出几张地契，到钱庄抵押了5万元，让杜月笙交给林桂生。就这样，林桂生收拾了行李，带着这5万元离开了黄公馆。

离婚后的林桂生坐着一辆汽车来到了公共租界西摩路一幢小洋房中，这是她事先让杜月笙帮她准备的。后来，杜月笙还经常到这里来，嘘寒问暖，让林桂生感动不已。林桂生一直在这里过着独居生活，始终不愿再提黄金荣这个可恨的名字。林桂生帮助黄金荣在上海滩打下了天下，提携杜月笙在青帮里出人头地，自己却落得这样孤寂的结局。

>> 戴上一顶绿帽子

就在林桂生离开没有几天，钧培里的黄公馆便张灯结彩，鞭炮轰鸣，23岁的露兰春嫁给了53岁的黄金荣。

※ 旧上海地区传统婚礼所用的龙凤花轿。

露兰春就这样名正言顺地进入了黄家的大门，但她的内心中还是十分不情愿的。所以她一进入黄公馆，便立即以主妇的姿态出现。她代替了林桂生，手里攥着一把黄家保险柜的钥匙，她倒不是想帮助黄金荣管理好这个家，而是想将他庞大的财产据为己有。

现在的露兰春在黄家可以说是肆意妄为，喜怒无常，不论何时，不论面对何人，她都可能大发脾气，发泄心中的不满和委屈，她眼里甚至根本就没有黄金荣这个人。但黄金荣对此丝毫不在意，将她捧为至宝，百般迁就，极尽所能地博得他这个"娇妻"的欢心。

结婚后的露兰春自然离开了舞台，只是偶尔在家中给黄金荣及其亲信唱几段，每次看到黄金荣那张丑陋的脸，她就会生出一股厌恶之情。更何况，她的内心还有一个自己真心喜欢的人，这就是上海颜料业富商薛宝润的二儿子薛恒。

薛宝润是上海四大颜料大王之一，原本是一个"货郎担"，第一次世界大战时发了一笔横财，成为上海颜料巨商。他有四个儿子，个个都是浪荡公子，尤其是这个二儿子，风流倜傥，胡作非为。当他看到露兰春的美色后，便展开了攻势，一来二去，两人便勾搭上了，露兰春后来还准备以身相许。但是她发现这个薛公子虽然有万贯家财，但是没有什么势力，要想和他光明正大地在一起，有再多的钱也是不可能的。所以她决定要靠自己的力量去努力争取。

这一切，黄金荣都被蒙在鼓里。他认为凭借自己在上海滩的地位，根本不用设防，没有人敢打他的人的主意，就是有，最多也是有贼心而没贼胆。

不久，临城劫车案发生了，黄金荣奉命前去解救雷狄主教，一连十几天没在家。等他返回家后才发现，密室中的保险箱已经被打开了，里面的黄金、美钞、珠宝首饰等都没有动过，唯有一只装着重要文件的大皮箱不见了。

原来，露兰春看到黄金荣离开后，为了能和自己心爱的人在一起，便打开保险柜，将里面能影响到黄金荣命脉的账本、重要信函等都带走了。在她看来，只要她掌握了这些把柄，就等于抓住了黄金荣的小辫子，他就不敢对她怎么样了。她在一个秘密的地方租了一个房子，和薛恒住在了一起。露兰春又去找了法租界卢家湾的聂榕卿，当时他在会审公廨担任华籍推事，在社会上有一定的威望，他喜欢戏剧，还曾登台客串过一些角色。他也是露兰春的义父。

黄金荣对于露兰春的私奔勃然大怒，但是考虑到自己的全部重要文件都在她手里，也因为聂榕卿的缘故，他不便采取行动，只好派人传话给她，说露兰春将保险柜中的所有财物都席卷一空。之后又找来露兰春的养父，请他们一起解决这件事。

最后，在聂榕卿等人的调解下，两个人办理了离婚手续，那个皮箱则原封不动地归还给了黄金荣。

黄金荣给了露兰春一定的财产补偿，但是也提出了两个条件：一是露兰春今后不准离开上海，二是露兰春不许再度登台演唱。

1925年，露兰春嫁给了薛恒，而黄金荣则不单是被戴了绿帽子，还被迫离了婚，闹得轰轰烈烈。更重要的是，经过这次事件的打击，黄金荣越来越心灰意冷，对于他所经营的庞大的生意也越来越感到力不从心了。他的门生杜月笙逐渐取代他成为上海滩的黑帮老大。

露兰春，这个当年上海滩上名冠一时的京剧老生女演员在1936年去世，只有38岁，至于为什么这么短命，谁也不知道。

第八章
和国民党绑在一起

>> 脚踏三只船

1919年,卢永祥被提拔为浙江督军,之后他便将其部将何丰林提升为淞沪护军使。但江苏督军齐燮元认为上海应该属于江苏管辖,因此很不服气,发誓要夺回上海,最终,齐、卢之间展开了争夺上海的斗争。

就在双方打得难分胜负、精疲力竭时,孙传芳趁此机会插了进来,首先联合齐燮元打败了卢永祥。卢永祥见大势已去,只好通电全国,宣布下野。

※ 卢永祥(1867—1933),字子嘉,原名卢振河。济阳人。皖系军阀。幼时家贫,1887年先入山海关随营武备学堂,1890年投军。1895年考入北洋武备学堂,毕业后被袁世凯聘为新军军官,在天津小站练兵时,与段祺瑞、王士珍等成为密友,后来一同成了皖系军阀的骨干。

※孙传芳（1885—1935），字馨远，山东泰安人，直系军阀首领。1908年毕业于日本陆军士官学校，1923年率部入闽，任福建军务督理。1924年9月，江浙战争爆发，出兵援助齐燮元，夹击皖系卢永祥，占据浙江。

战后，孙传芳和齐燮元之间又展开了争夺，双方都不愿失去上海这块肥肉。无奈之下，他们只好让吴佩孚派来的张允明担任上海守备司令。但平静了没几天，1924年年底，奉系军阀张作霖又将张允明赶走了，自己占领了上海。

齐燮元勃然大怒，于12月16日突然举兵占领上海，强令奉系保安司令邢士廉退职。这件事还没结束，突然传来齐燮元的部下在苏州哗变的消息。

1925年1月，段祺瑞执政府下达文件，宣布上海永不驻兵，并谴责齐燮元挑衅谋乱。在内外交困的情形下，齐燮元被迫于1月28日宣布下野。

孙传芳见势，立即宣布解除了先前和齐燮元的暗中结盟，很快获得了段祺瑞执政府任命的浙江军务督办一职。他看到地位已经得到巩固，便离开了上海这个是非之地，回杭州享福去了。

1926年，国民革命军北伐，结果孙传芳部队被打败。无奈之下，他又转向请求从前的仇家张作霖，要求双方组成同盟军，和革命军相抗衡。

在这个时期，除了租界外国的势力外，还有三支政治势力存在，这就是共产党领导的工人、孙传芳、张宗昌等军阀势力以及国民党。对于选择

※ 齐燮元（1879—1946），字抚万，河北宁河人。北洋陆军学堂炮科毕业。曾任江苏军务督办、苏皖赣巡阅副使。1937年7月抗日战争爆发后，在北平投靠日本，沦为汉奸，10月与王克敏、王揖唐等组织伪政府筹备处，策划成立伪华北临时政府。组建并指挥伪治安军充当日本侵略中国的帮凶。

哪一个势力作为今后的靠山，上海滩三大亨黄金荣和杜月笙、张啸林之间也发生了分歧。张啸林认为，三鑫公司的发展完全是靠着军阀的庇护，如果不和孙传芳合作，三鑫公司的业务就会受到影响，因此，他认为应该继续支持孙传芳，以便击败北伐军。黄金荣认为，孙传芳等人之所以保护三鑫公司完全是为了钱财，而在国民党方面，他曾和孙中山有一定的交情，而且今日的蒋总司令还是他的门生，不管怎样，他都认为应该支持国民党。为此，他还说过一番重要的话：

> 革命军是孙总理的子弟兵，蒋总司令是中国的救星，回想从前十几年里，我们这些河浜的泥鳅，承蒙革命党的大人先生交关看得起，今天不管革命军用不用得着我们，我们都要尽量出力。到了现在还想去和军阀勾结，那是我绝对不赞成的。

杜月笙也同意黄金荣的这一主张，最后，三大亨决定配合北伐军，尽量瓦解直鲁联军和奉军。

1927年2月24日，张宗昌率奉直联军10万大军在毕庶澄的率领下进

※张宗昌（1881—1932），字效坤，中国山东省莱州府掖县（今莱州市）人。绰号"狗肉将军"、"混世魔王"、"五毒大将军"、"长腿将军"、"不知将军"、"张三多"等，奉系军阀头目之一。

驻上海。而此时，在中国共产党的领导下，上海工人举行了反对北洋军阀、响应国民革命北伐军的两次武装起义。

就在武装起义正在如火如荼地进行时，上海的一些流氓帮会分子乘机破坏和捣乱，有的流氓冒充工人纠察队，肆意妄为，败坏工人纠察队的名声；有的还充当武装警察，迫害工人。

而此时的黄金荣也非常忙碌，在上海工会成立之后，他便利用各处的手下，暗中监视工人，刺探工人运动的情报，破坏工人纠察队的活动。

中共浙江区委非常看重此事，1926年下半年开会讨论，最后决定先派人去和黄金荣等人谈判。

1927年2月28日，上海总工会的代表汪寿华和法租界总监代表杜月笙见面了。而此时，上海工人的第三次武装起义也准备进行了。中共领导人周恩来、赵世炎等人已经对起义做了充分的准备，他们和占领上海南部龙华的北伐军白崇禧的部队联系，希望能联合他们出兵，将军阀势力彻底打败。

但是，白崇禧拒绝了这个请求，原来，他早就接到了蒋介石的密电：

※ 汪寿华（1901—1927），浙江诸暨人。1923年加入中国共产党，任中共江浙区委（上海区委）常委、区委职工运动委员会书记，上海总工会代理委员长，是五卅反帝爱国斗争的主要领导人之一。1926年10月至1927年3月，先后参与指挥了上海工人三次武装起义。上海工人第三次武装起义胜利后，当选为上海总工会委员长。

为避免和各国驻沪军队发生冲突，对上海只能缓攻。

中共中央对此并没有太在意，因为起义指挥部已经在沪宁铁路工人中间做了大量的工作，他们准备同时罢工，以此切断北洋军阀张宗昌对孙传芳的救援。

所以汪寿华和杜月笙见面后，便提出了三个请求：

第一，请求他们帮会中人保持中立态度，不要为虎作伥。

第二，对法租界的工人罢工活动不要阻拦。

第三，要将防守上海的毕庶澄笼络住，不能让他有所行动。

杜月笙觉得这些事并不难办，但他需要回去和黄金荣等人商量一下。杜月笙回去后立即将这些情况向黄金荣讲了一遍。三大亨坐在一起商量了一番，最后下决心要和北伐军站在同一条战线上，而对于共产党，在他们行动的时候，可以给他们一定的方便，以便利用他们的势力将孙传芳、张宗昌等军阀彻底打败。

从 1927 年 2 月 28 日，杜月笙和汪寿华第一次见面开始，一直到 3 月 8 日，他们的会面就达到 8 次。而且，黄金荣等人还为中共提供了几方面的协助：

第一，对上海总工会扩大工人纠察队的武装进行资助。

第二，介绍共产党和租界当局建立联系，安排汪寿华和法租界官员见面，协调双方的关系。

第三，将军阀准备搜捕的中共负责人的消息及时地通报给共产党。

第四，对法租界的中共人士给予保护，协助中共设立机关，为中共在法租界内召开会议提供场所等。

毕庶澄率领大军刚一进驻上海，就立即受到了三大亨的"精心"对待。四马路会乐力里的上海名妓馆富春楼里灯火通明，毕庶澄被弄得晕头转向，竟然下令将总指挥部设在了富春楼上。

1927 年 3 月 21 日，上海工人第三次武装起义爆发了。中午 12 时，上海工人总同盟罢工开始。仅仅用了 5 个小时，工人纠察队就攻下了淞沪警察厅和所属的一署三所。

淞沪镇守使李宝章逃跑了，奉系和直系的精锐之师第八军被工人彻底打垮了，全军覆灭。而此时，第八军的军长毕庶澄还躺在女人的怀里，当他得知工人们已经占领全城的消息时，顿时傻眼了。这时，败退下来的一队卫兵还没有忘记他们的司令，他们立即给毕庶澄披了一件衣服，架上他向外面逃跑。借着夜色，这队人逃到了无锡乡下。但是不久，张宗昌便派人将毕庶澄诱骗到济南，就地枪决了。

黄金荣等人之所以帮助中共，是因为在反对北洋军阀方面双方的目标

※ 为配合北伐军向南京和上海进军，上海工人举行了第三次武装起义。图为参加起义的上海工人纠察队。

※ 上海工人第三次武装起义胜利后，成立了上海特别市临时政府。图为1927年3月23日市政府第一次执委常务会议时的合影。

是一致的,是同盟军。但从本质上来说,黄金荣集团帮助中共只不过是一种政治投机,是一种假象,他们一直在等待着机会。

>>"四·一二"的血债

北伐军的节节胜利不但让北方军阀感到没有出路,而且也让在华割占领土的帝国主义深感不安。他们强烈地意识到,要维护其在华利益,一定要采取行动,坚决制止和扼杀革命力量的发展,培植反动势力,以干涉中国的革命。其中,首先起来行动的就是英国。

在珠江流域和长江流域的英国势力受到了革命力量的沉重打击,为了挽救其利益,他们主动出击了。1926年10月,英国首相鲍尔温狂妄地说:"准备采用任何必要办法,以保护国人之生命与财产。"

英帝国主义积极推行"炮舰政策",依靠其强大的武力,到处寻衅,制造流血惨案。

1926年9月2日,英国军舰"斯克拉勃"号在汉口上游50英里的地方,突然向北伐军开火,并持续了两个小时。4日,两艘英国军舰从白鹅潭驶

※ 肇事的英国舰艇

※万县惨案群众受难地——较场坝

进广州西堤，占领了省港码头，派兵登岸，驱逐行人，拘捕纠察队员，并拆毁纠察队饭堂，使北伐军的后方陷入一片混乱之中。

9月5日，英国政府调遣军舰，炮轰四川万县，时间长达3个小时，数千名军民被打死打伤，数百间商铺民宅被毁，这就是震惊中外的"万县惨案"。

1927年3月24日，北伐军攻占南京。当天晚上，美、英、日、意等帝国主义列强借口侨民和领事馆受到"暴民侵害"，下令在下关江面的军舰联合向南京开炮，中国军民死伤达200多人，制造了"南京惨案"。

1927年1月5日，英国领事给外交部一份对华宣言，大意是英国以前的对华政策，已经到了应该改变的时候，北京政府已经失去代表全部中国的资格，中国内部已有一个能代表民众的强有力的政府，中国应给予"谅解与同情"。

1927年2月，英国派代表到南昌和蒋介石谈判，以蒋介石为代表的国民党新右派成了帝国主义争取的对象。在北伐战争中，蒋介石招降纳叛，大批军阀部队被他收编，他的势力很快强大起来，一些曾经劣迹昭著的军

※ 王柏龄（1889—1942），字茂如，江苏江都人。

阀和官僚政客，如龚德伯、段锡朋等都投靠了蒋介石，成为他麾下的要员。

对于共产党，蒋介石一直坚持反对的态度。他的反共态度其实在很早以前就表现出来了。在上海工人准备第三次武装起义时，周恩来等人就多次请求北伐军白崇禧率兵攻打上海，但蒋介石却要求其按兵不动。

1927年3月中旬，蒋介石派代表王柏龄、杨虎、陈群三人先后到达上海，他们带着蒋介石的秘密使命，化装后进入了黄金荣的公馆，和三大亨见了面，密商反共"清党"事宜。

经过密谋，黄金荣决定在三个方面积极准备：首先，尽可能拉拢各种可以拉拢的人，以便扩大势力；其次，在工人群众中进行欺骗宣传，以削弱上海总工会的力量；再次，建立一支流氓武装，配合蒋介石发动政变。之后，他们便开始招兵买马，积极准备。

1927年3月21日，上海工人第三次武装起义取得胜利，在胜利后的不到两个小时里，蒋介石便给白崇禧下令，让其率大军开进上海，窃取了共产党和上海80万起义工人的胜利果实。

紧接着，作为北伐军总司令的蒋介石也来到上海考察。这一次，蒋介石已经今非昔比，当年为了躲债而偷偷摸摸地离开上海，如今，他是作为国民革命军的总司令坐着一艘炮舰而来。当他乘坐的炮舰行驶到外滩公园时，前来欢迎的人不计其数。

蒋介石在准备来上海的前几天，黄金荣就得到了消息。他特别激动，立即忙碌起来。为了更好地接待这位总司令，在蒋介石到达上海的前一夜，黄金荣特别让理发师给他理了头发，在灯光的照耀下，短短的头发使他看上去特别精神。

之后，黄金荣将杜月笙、张啸林等人叫到黄公馆，商量应该如何迎接蒋介石的到来。

黄金荣首先说道："阿元（蒋介石原名瑞元）这孩子终于出人头地，做了总司令，我这个做老头子的脸上也有光啊。更难能可贵的是，他还没有忘记我。你们看看，我当初就说阿元这孩子将来一定会有出息。现在，他要来上海了，我们该怎么迎接他呢？"

"大哥，人家现在已经是北伐军总司令了，我们不能再直呼其名了。"杜月笙提醒道。

"没错，没错，现在他已是蒋总司令了，这次他来上海，我们应该送给他一些见面礼。"

※ 杜月笙　　　　　※ 黄金荣　　　　　※ 张啸林

"的确应该送些礼。"张啸林在一旁附和道。

"可是,我们送点什么才好呢?"黄金荣搔着头皮说道。

这时,黄金荣的儿媳妇李志清插话道:"就送给他十几根金条吧。"

"你们觉得怎么样呢?"黄金荣分别望了杜月笙和张啸林一眼。

张啸林立即站起来说:"依我看,十几根金条的情意太轻了,应该送给他一块纯金的大匾,上面写上'功高盖世'四个大字,这多好啊!"

"哈哈哈,太好了,就给他送块大匾吧!"黄金荣高兴地端起桌上的一杯茶喝了起来。

"大哥,我觉得这样不好吧。"杜月笙突然摇着头说道。

"怎么不好?难道不送?这更不好吧?"黄金荣放下茶杯,疑惑地问。

杜月笙轻轻一笑,继续说:"礼肯定是要送的!只是送什么,怎么送,是非常有讲究的。送得好,他会心花怒放;送不好,就等于是拍马屁拍到了马蹄子上,没得到好处不说,反而被踢得鼻青眼肿。送金条显得太俗气了,而金匾又太张扬了,我觉得蒋总司令对这两件礼物都不会喜欢。我们既然要拍马屁,就要拍得响,送礼要投其所好。"

黄金荣点点头表示赞同,接着又把手一伸,示意他继续说下去。

"现在的蒋总司令已经不是前几年那个落难的阿元了。他对金条、金匾根本不会稀罕。你们知道他现在最喜欢的是什么吗?"

张啸林急得坐不住了,说道:"到底送什么,你赶紧说呀。"

杜月笙说:"他现在最缺的就是面子。"

黄金荣一下子笑了,不解地问:"面子?那我们怎么送面子给他呢?"

"当年,蒋总司令离开上海滩前,曾向大哥投过门生帖子,如果大哥现在将帖子退还给他,就是最大的面子。"

"对呀,我怎么就没想到呢?"黄金荣一拍大腿,说,"人家现在是堂堂的总司令,怎么还能再拜我呢!明天我就带上门生帖一起去迎接他,然后当面还给他。"

杜月笙连忙摆手道:"不,不,那样做不是给他面子,而是让他丢面子了。我想过了,退门生帖要秘密的。当年是虞洽卿给他做的介绍人,现在还是应该将门生帖交给虞洽卿,让他转交给蒋总司令比较好。这样蒋总司令一定会非常高兴,也会更加尊重大哥的。"

黄金荣听后连连叫好,当即就给虞洽卿打了电话。三人商定完后,就等着第二天蒋介石的到来了。

第二天一早,蒋介石便去拜访黄金荣。他的卫队长为了保护他的安全,特意抽调了60多个人,开了两辆军用卡车,从董家渡出发,经过外马路转到了一枝春街道。没想到,正当这支队伍浩浩荡荡地准备进入法租界时,却遭到了法租界巡捕房的阻拦。他们将车子扣下,拉到巡捕房,警卫班长也被扣押了。堂堂的国民革命军总司令不能进入租界,卫队士兵气愤不已。蒋介石还未进租界,便碰到了洋人的一鼻子灰。

再说黄金荣此时正在家里焦急地等待着蒋介石的到来,突然接到这个消息,便立即赶到巡捕房,以法租界顾问的身份迅速向法租界上层做了解

※ 上海租界巡捕房的巡警

释，表示蒋介石进入法租界是为了探望他本人。因为考虑到司令的安全问题，才让蒋介石带领警卫人员到他家来保卫，事先没有和巡捕房打招呼，的确有些不妥，但这是友好拜访活动，还希望给予方便。

法国驻沪领事认为，这件事违犯了两国之间不允许中国武装士兵进入租界的规定，但是转念一想，现在各国都在加紧拉拢蒋介石，何不趁此机会顺水推舟，主动和他接触一下呢！想到这里，他立即告诉巡捕房，一切听从黄金荣的安排，不但允许蒋介石的卫队进入租界，还要巡捕房加派人手，以保证总司令在租界内的安全。

就这样，蒋介石等人才顺利地进入了租界。车队很快来到了钧培里的黄公馆，然后黄金荣和蒋介石等重要人物一起到了二楼的密室会谈。一阵寒暄过后，黄金荣首先提出了将当年蒋介石的门徒帖子已经交给虞洽卿送还了，并表示以后绝对不会以先生自居。

蒋介石当然十分高兴，一再表示："我总是你的学生。过去承黄先生帮忙是不会忘记的。"然后从怀里掏出一只金灿灿的外国金挂表双手递到黄金荣面前说："这是我送给黄先生的礼物，聊表心意。"

说是奉送，其实是偿还当年黄金荣借给他的200元钱的路费，表示虽然他今天衣锦还乡了，但还是没有忘记当年的恩情。

黄金荣接过表后，再三表示感谢，之后，便将杜月笙和张啸林介绍给了蒋介石。

在后来的数天中，黄金荣和蒋介石又密谈了数次。同时，黄金荣召集上海黑社会的各路头目商议，给他们分析当前的形势，如果共产党胜利了，他们绝不会在这个"共产"的政权中得到好处，而且也许会和国民党同归失败的境地。于是，黄金荣等人将他们的前途和命运，绑在了蒋介石发动的反共战车上。

至此，上海的黑恶势力举起了反共的大旗，他们首先拒绝了汪寿华方面提出的种种支持和要求；其次，秘密监视中共和纠察队；再次，他们决定建立一支武装力量。

黄金荣等人知道，要建立一支拥有几千人的队伍不是一件容易的事情，他们需要联合上海的各股青帮、洪帮以及其他黑社会的势力。为了这次集结名正言顺，他们决定利用青帮组织，以重建1912年7月成立的中华国民共进会的名义而建立一个所谓的"中华共进会"，这一建议得到了蒋介石的赞同。

在黄金荣、杜月笙、张啸林等人的精心策划下，4月6日，上海报纸上刊登了一则消息，称新成立的"中华共进会"正在筹办复建中，希望政府核查。其办公地点定在了法租界格洛克路紫阳里7号，希望旧会员可以复会，也欢迎新会员加入。青帮"通"字辈老大浦锦荣担任会长，洪帮老大张伯歧担任总指挥，实际上的幕后操纵者是黄金荣等人。

中华共进会筹组后，就在法租界当局的大力支持下，建立了一支武装的流氓帮会队伍，称为"武装巡逻队"。为了提供其打击共产党的力量，法租界还向其提供了5000支步枪和大量的弹药。黄金荣等人也纷纷出钱购买了大批枪支弹药。

4月11日，蒋介石在南京大肆搜捕共产党，同时又传达密电：

已克复的各省，一致实行清党。

就在这天傍晚时分，黄金荣接到了攻打工人纠察队营地的任务。没过几个小时，电话铃又响了，黄金荣拿起电话，一个清晰的声音传来："黄先生，我是杨虎，你们可以行动了。预祝你们马到成功。"黄金荣立即恭敬地回答："杨主任，你就等我们的好消息吧！"

当天晚上8时，杜月笙以纠察队中有内鬼为由将汪寿华骗到了杜公馆。

※ 1927年4月12日，上海工人纠察队总指挥部商务印书馆遭到袭击，墙上留下了清晰的弹孔。

之后，顾嘉堂、马祥生等人将其打昏后，活埋在枫林桥的荒野中。

之后，黄金荣等上海滩百名黑社会的大小头目在杜公馆集合，12日凌晨1时，黄金荣对马祥生下达了命令："祥生你带领500人攻打商务印书馆，廷苏的600人进攻东方图书馆工人纠察队总部。记住，一定要假扮成工人纠察队，穿好制服，戴上袖标，不能露一点痕迹。"

12日凌晨2点半，中华共进会的各支队伍从租界预定地点倾巢而出，人数达15000。这些人兵分四路，向各处的工人纠察队阵地扑去。

凌晨3时，宝山路响起了枪声。一群穿着蓝色短裤衫、袖口上别着"工"字符号、手持武器的流氓在商务印书馆和工人纠察队打了起来。设在湖州会馆里的总工会和东方图书馆的工人纠察队也遭到了突然袭击。工人们奋起抵抗，双方相持不下。就在共进会的打手们即将坚持不住的时候，按照事先的约定，第二十六军的第五团赶来了，分别包围了总工会和纠察

※ "四·一二"反革命政变中被逮捕的革命人士。

队。他们声称工人内讧而将双方的枪械全部缴除。此外，在第二十六军的合作下，他们再次利用突然袭击和欺骗的手段占领了南市三山会馆等地。这一天，至少有100多名工人纠察队员被杀害，180人受伤，被缴的枪支达3600支。

"四·一二"反革命政变的枪声使上海几十万工人极为震怒，闸北、沪西、南市等地的工厂工人举行了大罢工，他们明确指出袭击工人纠察队的是黄金荣等人和中华共进会。之后，罢工的工人列队向宝山路第二十六军的司令部前进。此时，蒋介石早就下了命令：格杀勿论。

当工人队伍到达宝山路三德里附近的仁善女子学校门口时，第二十六军第二师的士兵突然向这些赤手空拳的工人开了枪。顿时，宝山路上，血流成河，尸积如山，几千人在血腥的大屠杀中死去。

13日，在蒋介石的指令下，陈群又拟定了一份文稿，由黄金荣、杜月

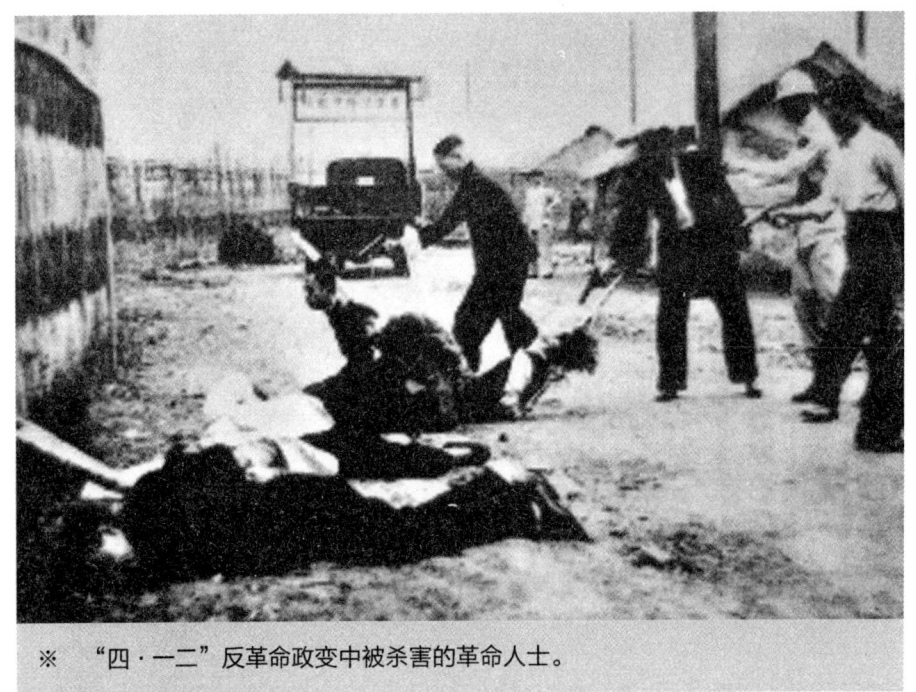

※ "四·一二"反革命政变中被杀害的革命人士。

笙、张啸林署名公开发表。

4月14日,上海市"清党"委员会成立,黄金荣的徒孙芮庆荣担任行动大队长,大批的共产党人遭到屠杀。

16日,三大亨在陈群的指使下,发表了反共谈话,紧接着在17日印发了10万份《警告工人书》,大肆叫嚣反共,极力瓦解共产党在上海工人中的基层组织和基础。

在这次大屠杀之后,蒋介石从南京回到上海,盛宴招待黄金荣等三大亨,并委任三人为国民革命军总司令部的少将参议,还为他们颁发了奖状和勋章。

从此,上海封建帮会和国民党的反动势力联合起来了。

>> 蒋总司令来贺寿

"四·一二"大屠杀的几天后,4月18日,南京国民政府正式成立,蒋介石独揽了军政大权,露出了反革命的本质,整个上海笼罩在一片黑暗之中。黄金荣等人却感到非常欣慰,有以蒋介石为首的国民党政府做靠山,他们这股流氓势力仍然可以在上海为所欲为。

这一天,黄金荣从巡捕房出来后,来到了城隍庙。他找到程子卿,了解城隍庙功德碑篆刻情况。

黄金荣和城隍庙的感情还是颇深的,他刚来上海时,就生活在城隍庙附近。每天看到那些络绎不绝的香客时,他就禁不住对同伙说:"如果将城隍庙一天的蜡烛头拔下来,就够一个人吃一年的了。"可见,这城隍庙的收入是相当丰厚的。要是这笔生意能到黄金荣手里,不是有一笔可观的收入吗?黄金荣盘算着,终于有一天,他等到了一个机会。

1924年农历七月十五这天,城隍庙突然发生了一场大火,所有的殿堂都被烧毁,墙倒屋塌。

事后,城隍庙的管理者向全社会募集资金,决定重建城隍庙。黄金荣听到消息后,立即决定由他一个人出资。其他人看到黄金荣要独资建造城隍庙后,都暗自惊愕,不敢吭声了,凭着黄金荣的权势,如果不同意他独揽城隍庙的重建、管理和经营权,那就是惹祸上身,无奈之下,只好同意了。

1927年秋,新的城隍庙建成了。

这座新的城隍庙更加雄伟,殿高四丈八尺,全部用钢筋和水泥砌成。大殿花费了5万元,其他大小殿宇花费了9万元。

庙堂建成后,剩下的就是竖立功德碑了。黄金荣觉得这是让自己扬名的好机会,便专门请人撰写了碑文,其内容如下:

※ 在"四·一二"反革命政变后的第六天,蒋介石在南京成立国民政府。图为蒋介石与宋子文的合影。

> 邑庙本是地方神主，保境安民，咸仰德泽。不幸重罹大火，庙宇尽付一炬，致使神无所依，胜地为之逊色。筹金无措，欲兴无力，蒙慈善家大善人黄金荣先生乐善好施，慷慨解囊，捐资5万元独资建造庙殿。其结构不用一砖一瓦，一竹一木。设计新颖，别具宏伟，殿貌巍峨，始有今日之状瞻。特勒石以志其功德。

城隍庙很快就开张营业了，果然生意兴隆，财源滚滚。就这样，城隍庙的实际管理权落到了黄金荣的手中，城隍庙也成了黄氏家庙。

城隍庙工程刚刚完成没多久，黄公馆又迎来了一件大喜事：1927年农历十一月初一，黄金荣六十大寿。

黄金荣的门徒们早就进行了妥善的安排，主要负责这次寿宴的是小东门大吉楼菜馆的老板任阿堂、老北门鸿运楼菜馆的老板周一星以及"大世界"对面三和楼菜馆的老板陈贵法。

而此时的黄金荣手下有3000门徒，500个门生，虽然这么多人没有悉数到场，但仅仅前来的，也足可以坐满几百桌。

这样大规模地置办酒宴，在整个上海都是少见的。鱼肉菜蔬、碗盆和桌凳，需要卡车来回跑十几趟甚至二十几趟。因此，在上海的街道上只见卡车不断，盛况空前。

寿筵分为三等：大众酒筵，供其门徒们享用；菜肴比较丰盛的酒筵，供其门生们享用；还有几桌特备的鸡尾酒宴，是黄金荣专门为了招待他昔日的门生、如今的总司令蒋介石而准备的。

这一天，黄公馆的上上下下都被打扫得干干净净，又重修布置了一番，一个大大的"寿"字挂在了堂中。为了炫耀自己的功绩，黄金荣还特意将自己这些年所获得的委任状、奖状、勋章和奖章等通通都拿出来，在大堂的桌子上摆放整齐。

※ 旧上海时的城隍庙

除了丰盛的宴席之外，他还特意吩咐在厅内摆下了四五个麻将桌，以供祝寿的人好好地热闹一番。在很多天以前，请帖就发出去了，所以，这一天前来给他祝寿的人很早就登门了，来客也都做了充分的准备，都想借这个机会好好地表示一下自己的忠孝之心。他们知道黄金荣一向喜欢钱，所以尽自己所能地多奉献一些钱，少则上百，多则上千。在这一整天内，祝寿的人都没有断过，送来的钱更是多得吓人。

下午3时，黄公馆中已经准备妥当，从大门口到正厅，全都经过了精心的布置，大厅里只剩下几个当差的佣人了。这是为了欢迎蒋总司令到来而特意安排的。黄金荣特意换了一身簇新袍褂，剃了个精光的头，红光满面，杜月笙、张啸林等几个重要的心腹陪在身旁。

不一会儿，蒋介石带着一支上百人的卫队，浩浩荡荡地从南京赶到了上海钧培里的黄公馆。等候多时的黄金荣看到后，立即迎了上去。蒋介石没有说话，向他行了个鞠躬礼，然后才和众人一起来到二楼的大厅。

黄金荣陪同蒋介石来到了鸡尾酒宴席坐下，他坐在主位，蒋介石坐在左首位，虞洽卿坐在右首位，下首作陪的则是曾经和蒋介石共患难的朋友，如孙棣珊、朱同阳等人。在乐曲中，宴席开始了，蒋介石一干人等一起举杯庆祝黄金荣的大寿，觥筹交错，好不热闹。宴席上，蒋介石再次面谢了黄金荣等人在"四·一二"中的反共"义举"。

酒宴结束后，蒋介石拿出了一件长长的东西，放在黄金荣的面前，说是他送给老头子的礼物。黄金荣打开一看，原来是一条拐杖，黄金荣激动得眼泪都要流出来了，一个劲儿地表示感谢，正当他要拿起来时，蒋介石阻止了他，蒋介石告诉他，这不是一般的拐杖，而是由德国生产的一把高级拐杖枪。说完，蒋介石站起来演示了一番，原来，这是支手枪，乍一看似手杖模样，乌黑而发光，仔细一看，在拐杖套把的拐角道中藏有扳机，一般人是很难看到的。之后，又叫一个士兵拿出去在院子里试了一下，黄金荣看了喜出望外，连声叫好，之后便藏置秘处，不让外人观赏。

本来这天晚上安排的堂会演出的戏目很多，但考虑到蒋介石的安全和时间关系，只演出了五出戏。堂会结束后，蒋介石便回到了事先安排好的法租界的锦江饭店。

蒋介石离开后，黄公馆内依旧热闹非凡，人头攒动，一些喜欢赌博的人聚在一起打起麻将。直到深夜，人们才渐渐散去。

>> 人退休了，权力不能旁落

轰轰烈烈的六十大寿给黄金荣挣足了面子，此时，喝得面红耳赤的黄金荣坐在沙发上，长长地舒了一口气，但很快，他又开始犯起愁来。根据洋人的法律，满60岁了就要退休，而在前几天，他也接到了巡捕房总监的通知：过完六十大寿，他就可以回家享清福了。

仔细想想，自己在法租界巡捕房已经干了三十几年，是拼了自己的命才换来了今天的成就，现在的他已经是督察长了，上面只有一个总监了。

他知道，只要他一退休，他的对手沈德福就会接任，到那时，他在上海滩的地位就会一落千丈。想到这些，黄金荣就害怕，不行，一定要牢牢地抓住督察长这个位子，他决定向巡捕房推选金九龄为督察长，程子卿为副手，这样就算自己退休了，自己的手下还掌握着权力。想到这，他才满意地去睡觉了。

大寿几天后，黄金荣便正式退休了，为了散心，他回到了老家苏州。但就在这时，巡捕房传来消息说，沈德福已经担任督察长了，他的人几乎都被撤走了。黄金荣意识到，他应该下手了。

他再次运用当初的伎俩，利用手下和一个外号为"水上飞"的飞贼在上海制造了一起特大案件。因为沈德福办案不力，没办法，法国驻沪领事亲自来到黄金荣的公馆，邀请他出马，并任命他为租界治安特别顾问，这个顾问的最大权力就是华人巡捕的提升必须得到他的提名。

不久，黄金荣便向巡捕房报告说他的手下金九龄将案件侦破了。就这样，他的目的达到了，金九龄最终被任命为巡捕房的督察长，程子卿为副手。自此，黄金荣虽然离开了巡捕房，但是里面的一举一动还在他的掌握之中。黄金荣成为不折不扣的"中国第一帮主"。

转眼间，清明节到了。按照当时上海的规矩，清明节前后的10天，是上坟插柳的季节。

黄金荣的父母被葬在上海西南郊漕河泾一带，每年的清明节，他都会亲自到那里，为父母烧一些纸钱，祭奠父母的坟茔。

这一年清明节的前几天，他再次来祭奠父母。

漕河泾的西侧原是一片荒野，北面有一片坟地，黄金荣的父母就葬于此。20年代，黄金荣发迹了，就在这里建造了一个黄家祠堂。

这一次，黄金荣给父母烧完纸钱后，流下了眼泪，没有人知道他流泪的原因。一旁的秘书龚天健看到这番情景后，便试探地说："师父，老太爷的'房子'很旧了，是不是选个黄道吉日，将老太爷的'屋子'重修一下，再种些花草，挖一口池塘养些鱼，这样老太爷也有地方转悠，然后再弄些石人石马摆设在这里，为老太爷镇'宅'。"

黄金荣擦干眼泪，看了龚天健一眼，自言自语地说："是啊，这么多年了，我也该尽尽孝心了。"

之后，他们便商定要在这里建一座黄家花园。首先是购置土地，扩张面积，很快，黄金荣便将周围60亩的土地全都买下来了。

黄金荣的徒子徒孙们听说他要建造花园，都纷纷出资，少的几十元，多的上千元，杜月笙捐了5000元，金廷荪捐了4500元，张啸林捐了4000元，唐嘉鹏出了1000元。另外，上海工商界的人士也都拿出了一笔礼金。最后算下来，竟然筹到了360万元，除了支付建设的费用外，还有很多结余。

1932年黄家公园动工了，为了方便施工人员的进出，黄金荣还修了一条从漕河泾镇通往坟地的道路，大约有1公里长，被称为金荣路。1933年11月17日，黄家公园竣工。黄金荣亲自带了一队人马前来视察参观。

花园中间的一座大厅被称为"四教厅"，是仿丛林的大雄宝殿，大厅的门、窗、梁、柱等雕刻着二十四孝图和古代戏文，厅前陈列着一堂樊石八仙，厅内当中供着福、禄、寿三星，两边安放着12把红木大交椅，厅内还悬挂着原祠堂中黎元洪、徐世昌、曹锟等送的匾额以及蒋介石亲笔题的"四教厅"匾额。整个建筑雄伟华丽，结构造型在江南罕见。

四教厅的南面是八仙过海的石景舞台，北面有仿颐和园的长廊，长达60多米。长廊北面是一栋别墅，有十几个房间，供黄金荣和朋友来此居住。别墅的东侧是一条小河，秋荷亭亭玉立，鱼儿穿梭游弋。

花园中还设有会议厅、公事房、汽车库、迎宾处、中西餐厅等，在护卫处的四周，还散布着明净斋、消闲堂、忠孝房等。除此之外，还栽满了花草，除牡丹、玉兰外，最特别的要属桂花了，有金桂、银桂、四季桂等，四季飘香。

花园的西南则是黄氏家祠和黄金荣父母的坟地，占地600平方米，也

※ 黄家花园园门

※ 黄家祠门

※ 四教厅

※ 内厅

第八章／和国民党绑在一起

是茂林修竹，绿树成荫。

11月18日，黄家花园举行了落成大典仪式。早上8时，在一阵唢呐声中，一块黑底金字的长方匾从汽车中被抬了出来，上面写着"黄家花园"四个大字，周围用红绸带子扎着，当中还束着一个大花球，在噼里啪啦的鞭炮声中，这块大匾被挂在了大门的额顶。

1935年，蒋介石特题"文行忠信"四个大字，黄金荣如获至宝，后来这块匾额被镶嵌在厅右边的六角亭上。

这一天，来漕河泾祝贺观光的达5000人，开宴前，黄金荣委派了张啸林为代表，宣读了花园落成词：

本花园之落成，愿望本人晚年避嚣颐养之所，草草工竣，未臻完美。多蒙在座诸位关注备至，并亲自光临，深为感谢。更蒙蒋总裁在戎马倥偬中莅临是会，实为本人之万幸！兹值国家多事之秋，不敢过于铺张，有慢及此，备有薄筵，聊尽本人东道之谊。

黄家公园落成后，每年立夏后，黄金荣便迁往公园的别墅中避暑，直到8月秋凉后，再返回到钧培里的黄公馆内。

第九章
绝不出山当汉奸

>> 不做日本人的傀儡市长

1931年"九·一八事变"爆发后,我国的东北三省很快落入了日本帝国主义手中。几年之内,日本侵略者又侵占了山海关,兵犯热河,妄图占领华北地区。1937年6月开始,日本军队就进驻丰台,进行连续的军事演习,并从东、南、北三面包围了北平。1937年7月7日晚上10点,日本一木清直所部的一中队,在没有中国地方当局允许的情况下,径自到中国驻军阵地附近进行演习,并声称有一名士兵在演习中失踪了,说是被宛平的中国驻军枪杀了,要求进入宛平县搜查,被中国守军拒绝。

宛平县县长一面通知驻军加强戒备,一面让保安队长代为搜寻,结果一无所获。就在双方交涉时,日本的300余名官兵突然向卢沟桥开火,很快就强行占领了卢沟桥及周围地区,长达8年之久的抗日战争爆发了。

8月13日,日本帝国主义悍然向上海发动了蓄谋已久的进攻,中国军队集中主要兵力,拼死抵抗日本侵略军。一时间,上海成为世界瞩目的战场。因为国民党政府奉行消极抵抗政策,中国军队缺少弹药、人员支持,尽管十九路军英勇奋战,仍然处于不利地位,只好奉命撤退。11月12日,

※ "八·一三"事变后,爱国将领谢晋元率领"八百壮士"凭借四行仓库阻击日军的进攻。图为由于日军连续的炮击,四行仓库西墙上弹痕累累。

除苏州河以南的租界外,上海的其余地方均落入日本人手中。国民党军事委员会只得宣布"国军全部由上海战略转移"。

在国民党撤离上海之前,蒋介石电告杜月笙,让他带着黄金荣和张啸林一起离开上海,到香港避难。蒋介石的意思很明显,他不想让这些在上海有影响的人物留在上海,为日本人利用,给他造成更大的麻烦。杜月笙遵照蒋介石的旨意,来到了黄公馆。当他将蒋介石的意思转达给黄金荣时,黄金荣叹了一口气说:"我都快70岁的人了,离死也没有多远了,我还有什么好怕的呢!再说了,我的'大世界'和'黄家花园'都在上海,是带不走的,所以我还是留在上海吧。"

杜月笙不无担心地问道:"可是日本人是不会放过我们的,我的意思是说,如果他们要请你出山怎么办呢?"

※ 爱国将领谢晋元

黄金荣哈哈大笑,说:"我在法国人那里吃了几十年的饭,他们的心思我看得一清二楚,我怎么还会再上小日本的当呢!而且,蒋总司令封我为少将参议,我怎么会背叛他呢?放心,我是不会帮助日本人做事的。"

杜月笙看黄金荣的态度很坚决,只好作罢。

而此时的张啸林和蒋介石的关系已经疏远了,他以为这时日本人来了,黄金荣年老了,杜月笙又要走了,他就可以借助日本人的势力独霸上海滩了。因此,他也拒绝了杜月笙的邀请,仍旧留在上海,伺机和日本人联系。他已经打定主意当汉奸了。

最后,三大亨中只有杜月笙离开了上海。

日本人来了,杜月笙走了,黄金荣很清楚自己以后的日子肯定不会太平了。

※「八·一三」事变前夕「三大亨」合影。

日本侵略者占领上海后，上海人民的抗日情绪日益高涨，全国人民也声援上海。日本驻上海侵略军便使出了"以华制华"的阴谋。他们在上海的虹口北四川路设立了上海地区后防司令部，由佐藤大佐担任司令，防守副司令则由吉野中佐担任，帮助佐藤参与后防军事。

在日本侵略者侵占上海半年之后，日本政府下达了指令，要求在上海成立一个上海大道市政府，实际上这是个傀儡政府。佐藤大佐准备让黄金荣担任这个政府的市长。在他看来，黄金荣在当时的整个上海都很出名，而且手下的门徒众多，由他来担任市长是再合适不过了。

1938年夏季的一天，日本驻华海军武官少将佐藤大佐来到了黄家花园。

炎热的夏季，佐藤穿着一身黄呢军装，笔直地坐在黄公馆的客厅沙发上等待着主人。不一会儿，黄金荣在仆人的搀扶下从楼上走了下来。佐藤看到黄金荣下来了，便招呼翻译，对黄金荣说："我代表日本帝国驻沪海军司令部，专程前来看望黄先生。"

黄金荣点了点头，半天才低沉地说了一句："谢谢将军。"

佐藤立即问道："我早就听说过先生的大名了，不知老先生手下有多少门徒？"

黄金荣不明白他问这句话的意思，也没敢说实话，便回答："有千八百人吧。"

佐藤立即将此行的目的说了出来："我这次前来造访是想请您担任'上海大道市政府市长'一职。"

黄金荣连忙推辞说："将军同贵国政府看得起我黄金荣，我心里非常感谢，但是我老了，不中用了。"

佐藤听了这番话，立即说："黄老先生如果肯出面担任这一职位来稳定上海民心，一切步骤和计划都不需要您操心，我们皇军会为您安排好一切的。"

黄金荣知道一时是很难拒绝佐藤的，便要求让他考虑几天再答复，佐藤这才高兴地离开了。

当天晚上，黄金荣的一些门徒得知这个消息后，立即来到黄家花园，他们极力劝说黄金荣接受这个职位。这样他们也可以利用他的势力青云直上。但黄金荣丝毫不为所动，他所以拒绝的理由有三个：

第一，他和蒋介石曾经有师生关系，蒋介石又非常看重他，还委以官职，如果他接受这个职位，就是对不起蒋介石。

第二，在日寇的刺刀下担任这个职位，稍微出一点差错，就有可能断送自己的性命。

※ 日本采取"以华制华"的政策,先在浦东成立了傀儡组织——上海大道市政府,又于1938年10月将伪市府搬到江湾,并恢复了"上海特别市政府"的名称。图为在江湾原上海市政府大厦前举行伪政权成立典礼。

第三，自己虽然是个流氓，但总比当民族败类要好得多。

张啸林得知这个消息后，也请求他接受日本的请求，甚至还说如果黄金荣不想接受，那就将他推荐上去，他愿意当卖国贼。

黄金荣听后，捶胸顿足地对张啸林说："二弟呀，你不知道，日本鬼子的饭不是那么好吃的，弄不好，那是自己找罪受。听大哥的话，还是太平地过日子吧。中国人是最恨卖国贼的，你帮日本人做事就是千古罪人，祖祖辈辈都要被人骂的。"

半个月之后，佐藤再次来拜访黄金荣，询问他考虑得怎么样了。黄金荣再次婉言拒绝了。但是，佐藤依旧不死心，几天后，他又派专车来到黄家花园，说是请他到司令部会晤。

黄金荣不得不去了，在汽车中，他看到日寇的层层布哨，门卫森严，荷枪实弹，不禁吓出了一身冷汗。他知道，看来这次佐藤是想给他点厉害了。

佐藤见到黄金荣，便开门见山地说："如果黄先生肯担任市长，皇军会担保你一切都安全，而且你的市长办公室安在哪里都行，即使是在司令部也可以。"虽然佐藤有意威胁，黄金荣还是拒绝了。他没有采用直接的回绝方式，而是一顿饭工夫去了几次厕所，日本人感觉黄

※"上海三老"之一——袁履登（1879—1954）

金荣真的老矣。佐藤无奈，只好又派车将他送了回去。

之后，日本方面又开始邀请其他人来拜访黄金荣，希望他能"出山"，如伪黄浦分局局长日本人小林、曾教过日本天皇书的洪门中的徐铁珊等，但黄金荣都以"身体欠佳"为理由拒绝了。

佐藤看黄金荣是铁心不接受他的请求了，便改变了策略，让他推荐一些"贤人"。于是，黄金荣先后将自己的门徒卢英以及"上海三老"闻兰亭、袁履登、林康侯推荐给了佐藤，使他们分别进入伪警察局和伪政府任职。迫于压力，黄金荣不得不答应他两个条件：一是要尽力支持汉奸政府；二是同意为日军运销烟土并帮助日军筹集军饷。

>> 汪精卫也没那个面子

黄金荣在政治上不想当汉奸，但并不能说他不再挣钱做生意了，在戏院、赌场、游乐场，他还有很多生意。为了这些生意能顺利进行，他还不能和日本人撕破脸皮。很快，伪国民政府总统汪精卫又来请他"出山"了，他不得不再次和汪精卫周旋起来。

※ 汪兆铭（1883—1944），祖籍浙江绍兴，出生于广东三水，字季新，笔名精卫。

黄金荣和汪精卫是老交情了，在1935年，汪精卫曾被人打了两枪，在上海治疗，当时黄金荣为他请了名医，百般照顾，交情甚好。

1938年12月8日，汪精卫从重庆逃了出来，在河内、香港等地和他的日本主子谈妥后，于29日发表了臭名昭著的《艳电》。《艳电》要求以蒋介石为首的重庆国民政府接受日本条件，实现和平。《艳电》说："中国抗战之目的，在求国家之生存。抗战年余，创巨痛深，倘犹能以合于正义之和平而结束战事，则国家之生存独立可保，即抗战之目的可达"。

汪精卫集团公开叛国投敌，激起全国人民的巨大愤怒，声势浩大的讨汪浪潮席卷全国。蒋介石也发表讲话，表示要为中国的独立而战。

1939年5月6日，汪精卫和他的追随者到达上海，住在愚园路1136弄汪公馆，为筹组傀儡政府做准备。1939年8月30日，他在上海极司菲尔路76号召开了伪国民党第六次国民代表大会。

为了取得在上海极有势力的黄金荣的支持，在大会结束后的第三天，汪精卫便亲自前往钧培里的黄公馆拜访黄金荣。黄金荣早已知道他投敌叛国了，但碍于往日的情面，黄金荣还是招待了他。不过，黄金荣有自己的原则，就是"热情接待，糊涂应付"，当汪精卫侃侃而谈的时候，他只是

※ 上海汪公馆

静静地听着。

　　汪精卫见到黄金荣，便直接切入正题，他想让黄金荣代他邀请上海的工商界巨子和社会名流开会，并寻找开会的场地。他还直截了当地提出，他希望这个会议能在大世界——1931年选举汪派国民党中央委员的故地召开。黄金荣知道，这个会议是汪精卫为了讨好日本人才召开的，与当年在"大世界"选举"野鸡中委"的会议的性质完全不同，于是，满脸堆笑地说："大世界的厅堂太小，且不集中，既不够派头又不甚安全，我看还是在大光明影戏院召开最好。"

　　汪精卫当然清楚黄金荣的话外之音，但也只得表示同意。黄金荣立即将布置会场的任务交给了门徒程子良与袁履登两人，并让王晓籁等通知各界人士。在这次大会上，汪精卫大肆宣传"和平救国，曲线救国"的汉奸理论，要求上海各界人士都能加入"和平救国"运动中。

　　对于汪精卫的这种卖国理论，上海工商界的人士反响极为冷淡。汪精卫并不死心，紧接着又在日本人开设的乐山花园大酒店准备设宴招待黄金荣，还派专车前来迎接。

9月13日晚，黄金荣收到一封精致的大红请柬，上面这样写道：

兹定于十四日下午五点，于乐山花园酒家私人小宴，特请黄老先生拨冗光临，不胜荣幸之至。

兆铭鞠躬

九月十三日

是否应邀去参加汪精卫的私人小宴，黄金荣为此很是矛盾了一阵子，还特意找来秘书龚天健、管家程锡文，以及杭石君、鲁锦臣等心腹商量了一番。最后，黄金荣听取大家的意见，决定赴宴，临行前，他吩咐两个同去的助手龚天健和程锡文："今朝看看再说，总之要装糊涂。"

下午5点一刻，黄金荣坐车来到乐山花园。此时，举办酒宴的八仙厅的地上已经铺上了波斯地毯，红木圆桌的四周放着五六张红木靠背椅子，上方还特意放着一个大的太师椅，上面放有一个坐垫，一个腰垫。

黄金荣下车后，由龚天健和程锡文左右扶着，装作步履艰难地走上了台阶。大汉奸汪精卫看到了，立即迎上去，弯腰伸手，将黄金荣让到了八仙厅内，在上位坐下了。

众人坐好后，汪精卫端起酒杯，站起身来，说道："黄老先生，各位好友，非常感谢大家肯赏光，兆铭感觉荣幸之至。黄老先生德高望重，拥有弟子三千，是上海滩的第一名人，兆铭今日特备水酒数杯，聊表仰慕之意！请各位为黄老先生的健康干杯！"

在座的其他人都应声站起，端起自己的酒杯纷纷喝了下去。黄金荣也颤颤巍巍地想要站起来，身后的龚、程两人看后，急忙上前将他扶起来。

※ 黄金荣

黄金荣哆哆嗦嗦地伸手将杯子端起,一边说:"过奖了,不敢当!"一边将酒端到嘴边,不过喝进去的没多少,一半都被他弄洒了。

不一会儿,佐藤站起身来,端着酒杯,对龚天健说:"我们盛情邀请黄老先生当顾问,协助搞好上海的工作,黄先生在上海的名气很大,说句话就能算数的,为我们的合作干一杯!"龚天健连忙回答道:"谢谢佐藤将军的美意,黄老板年纪大了,身体不便,已经退出了政界,恐怕不能胜任。"黄金荣也立即颤抖着再次从椅子上站起来,说:"我老了,不中用了!"说完,身体还摇晃了几下,好像有些站不住了。再一摆手,袖子便将桌上的一个酒杯弄洒了,白兰地洒了一桌子。程锡文趁此机会,赶紧将黄金荣搀下宴席,边向佐藤道歉边离开了乐山花园大酒店。龚天健留在席间,不停地向众人赔礼道歉。

汪精卫对黄金荣的消极推托很不甘心,没多久,他又派大汉奸周佛海去游说黄金荣,劝说他接受市长一职。黄金荣躺在藤椅上有气无力地说:

※ 上海租界内的巡警

"谢谢周先生,我身体实在不行了,不能活动。现在别说站起来,就是这样坐上一个钟头也不行。而且我自己也没有学问,不能担当大任,还是另请高明吧!"

这时,管家程锡文趁机说:"老太爷,我扶着您到床上去休息吧,抽上几筒烟提提神。"黄金荣有气无力地应承着,将周佛海撂在了一边。周佛海只好讪讪地打道回府了。

※ 周佛海

>> 各方关系都照顾

黄金荣最喜欢的东西就是钱,他深深地懂得,要想赚钱,各方面的势力都不能得罪。所以,在抗战期间,他和各方面都保持着联系。

黄金荣的很多门徒都落水当了汉奸,但黄金荣仍旧和他们保持密切的联系,甚至有些门徒的落水和他有直接的关系。比如他的得意弟子卢英就是在他的推荐下,于1938年冬就任了敌寇军部组织的伪大道市政府的伪警察局局长。后来,又由警察局局长而跃升为伪军委会参军长。卢英经常到黄公馆去探望师父黄金荣,黄金荣则将他当做可以炫耀黄门的得意门生看待,每次都盛情款待他。除此之外,黄金荣还不停地利用他与伪政府这些人的关系,大发横财。

1940年3月30日,汪伪国民政府以"国民政府还都"的名义,在南京粉墨登场,与重庆的国民党政府公然作对。这时,黄金荣也派龚天健到南京去向汪精卫祝贺,在信中,还提到"开国盛典"四个字,表明他支持的立场。1942年,汪精卫做寿时,黄金荣特请日本三菱洋行买办、画家王一亭精心绘画了一幅《长眉罗汉寿佛图》,派秘书龚天健专程赴赴南京赠送给汪精卫，以示祝贺。

黄金荣所有的这些活动，都被国民党的情报人员掌握得一清二楚。1939年2月8日，国民党情报员向上级这样报告：

> 现在上海各大流氓做灰色汉奸者甚多。何谓灰色汉奸？就是一方面与我政府人员联络，一方面令其徒子徒孙替日本做情报工作，彼等则坐收渔人之利。做此项合作者，计有张啸林、黄金荣、顾竹轩等。

事实的确如此，黄金荣虽然表面上没有当日本人的走狗，但实际上从未和日本人断了联系，而且他每月还接受日本人给他的津贴。有些汉奸甚至说：麻皮金荣在南京虽然没有公开的头衔，但他的权力比周佛海的还大。

1942年，黄金荣的结拜兄弟陈群担任汪伪政府的江苏省省长，黄金荣为此亲自出马，率领大批徒弟徒孙，乘坐专车到苏州给予祝贺。在陈群的安排下，黄金荣的很多弟子都被安插在江苏省的各级汉奸机构中，如吴县县长沈靖华、松江县县长杨士杰等。而这些人每个月都要给黄金荣孝敬一份厚礼。

如果有弟子或者朋友有困难求助到黄金荣时，他也会找这些汉奸帮忙。比如，黄金荣的门徒史雨春是上海糖业的领袖人物，有一次，他和人合伙从台湾私运了一批食糖，因为逃税而被税务局查获，四马路善生糖业的老板席德林也被抓了，抄走了价值六七亿的200包蔗糖，同时要罚款5亿元。

史雨春非常着急，立即来找黄金荣帮忙想办法解决。黄金荣让管家程锡文陪着史雨春的夫人一起到马斯南路周佛海的小妾家中，送给她3万元现钞和5根金条。第二天，周佛海就打电话告诉黄金荣，让他将200包蔗糖全部搬走，只要将税款补上就可以了。

黄金荣的大世界游乐场也成了重庆方面和日伪分别看中的接头据点。因为"大世界"位于租界的中心，繁华热闹，人流众多，出入方便，所以，日伪势力选中了这里，经常派人在这里接头密谈。

不过，总的来说，黄金荣还是对蒋介石更为忠心，他让原来大世界的经理丁永昌担任了军统上海租界特工派遣站站长，其他一些门徒也在国民党中担任一定的职位。1940年初期，蒋介石为了控制上海并指挥这里的工作，特别设立了上海市统一委员会，杜月笙为主任委员，24名委员中就包括黄金荣在内。1940—1945年，黄金荣和国民党第三战区司令顾祝同一直保持联络。他还派其门徒秦兴炎到第三战区设在南京、浙江等地的办事处联系，为国民党军队提供军火、药品和粮食等。这也可以理解为黄金荣间接地为抗日做了贡献。

同样，黄金荣与共产党方面也有联系。抗战时期，在大世界游乐场里，除了日伪军外，还有中共地下党组织，这些地下党员以剧场工作人员的身份为掩护，在游乐场内部秘密发展共产党员。为了能够应付意外情况，他们还采用帮会的形式来吸收下层的曲艺艺人、勤杂工和小贩等加入。黄金荣对此睁一只眼闭一只眼。

>> 老头子也玩不转了

汪精卫的伪国民政府是由一群野心文人、落伍军人、失意政客、投机党棍混合拼凑的。他们没有一寸土，没有一个兵，初期所凭借的唯一实力，就是以日本宪兵为靠山的特务组织，那就是上海沪西极司菲尔路的76号大本营。正式名称是"国民党中央执行委员会特务委员会特工总部"，也就是让人谈之色变的"76号魔窟"。

这个特务委员会的主任委员是周佛海，丁默邨、李士群是副主任委员，

※ 当年的特工总部原址——「76号魔窟」

唐惠民为秘书长，委员还有马啸天、苏成德、戴英夫、汪曼云等。这个特务组织的任务就是在日本宪兵的提供线索和控制下，与属于蒋介石集团的中统、军统进行残酷的血肉斗争。

"76号"原是军阀陈调元的旧宅，上海沦陷后，日本人把这里当做特务办公场所。这里独特的地理环境和本身的构造，是十分适合特工活动的。里面的院子很大，四周都是高大的围墙，外人很难进入其中。进出"76号"的人员必须具有通行证，上面印有"昌始中学"和持有人的姓名、号码，还必须贴有持证人的照片。

这个特务委员会里有个叫吴四宝的，在上海滩妇孺皆知，是"76号"的一个杀人魔王。他曾仗着结拜兄弟李士群的威势，带着一群六亲不认的亡命之徒，在上海滩打家劫舍，杀人越货，为所欲为，干过的坏事罄竹难书。

吴四宝，又名世宝，苏北高邮人，自幼随父母逃荒来到上海。他的父亲在上海成都路靠卖开水维持生计，吴四宝平时就帮助父亲搬搬煤块，捅捅炉子。后来还做过牵马童，以贴补家用。

有一年，上海突然出现了一场传染病，吴四宝的父母都染病死了。他的哥哥嫂嫂便将他赶出了家门，幸好被姐姐收留了。吴四宝整天游手好闲，经常带着一帮人出去管闲事,因为他长得人高马大,体重200多斤,打架又不要命,在周围渐渐打出一点小名气。英国巡捕看他是个打架的能手,就经常找他为巡捕房办事。

生活在社会底层的经历并没有让吴四宝对一些弱者产生同情之心,反而激起了他想摆脱"人下人"地位而成为"人上人"的强烈愿望。为此,他不择手段,哪怕是泯灭人性做坏事他也毫不含糊。

在社会上闯荡了几年后,手中有了些积蓄,在弟兄们的推举下,吴四宝就当起了白相人。后来,他拜沪西一霸"通"字辈流氓张云祥为老头子,跟着这个流氓学到了很多做强盗的门道。而当时,正是黄金荣、杜月笙和张啸林三大亨横行上海滩的时期,所以他也只能带着几个门徒,吓唬一下小生意人,收点保护费而已。

抗战爆发后,上海滩的三大亨中,杜月笙去了香港,黄金荣隐居起来了,只剩下一个张啸林还做了汉奸。李士群在上海发展了伪特工组织,就想把混世魔王吴四宝拉来做帮手。吴四宝就想着当个"人上人",哪管什么汉奸不汉奸的,得知李士群在"76号"任职,马上就去投奔他了。此时,李士群正缺人手,看到吴四宝来后自然非常高兴,便提拔他当上了特务总部警卫处处长。同时,李士群还特意为他的警卫大队向日本特务机关申请了一批枪械。日本宪兵队给他们送来了几十支枪供其使用。

从此,吴四宝更加横行霸道了。他以"76号"为根据地,用恐怖的手段,敲诈勒索,巧取豪夺,明抢暗收,从普通市民到富商巨贾,都曾遭到他

※ 李士群

的毒手。他曾看上了百乐门舞厅的一个叫马三媛的舞女，便用汽车强行将其绑架到"76号"，软硬兼施，威胁马三媛做了他的小老婆。

当时，大上海各种势力都存在，老百姓活着很不容易，特别是做点小生意的更是不好过，很多人都吓破了胆，纷纷前来结交吴四宝这个"朋友"。就连上海租界的各家银行、交易所、赌场、公司工厂等，也都纷纷找人牵线搭桥和吴四宝攀交情，给他送黄金、白银、钞票。

吴四宝在上海滩飞黄腾达后，便大肆张扬。他花费重金，购买房子，添置地产，同时还配备车队，雇用保镖，一掷千金，以显示自己的阔绰和威风。

1940年，吴四宝用搜刮来的钱款在愚园路475弄2号买下了一幢西式洋房。这里交通便利，住宅占地数亩，还有一个花园，相当气派。买下这幢洋房后，吴四宝仍觉得不满足，软硬兼施，又将左边邻居的一座洋房强买了下来，开了一道侧门，将楼上当做宴客厅，楼下则设成一个舞厅。不久之后，他又将右边邻居的一个大院子买了过来，也开了一道侧门，作为网球场和晒衣场。

为了显示自己的气派，他还在正厅中摆放了全套红木家具，在花园里建造了一个亭子，里面放了一只大香炉，日夜烧着檀香。

以前，吴四宝看到别人风风光光地乔迁，总是羡慕不已。如今，他时来运转，也想让别人羡慕他一番。于是，他决定举办一个风风光光的乔迁大典。他将一些高官名流、狐朋狗友以及徒子徒孙等只要能请到的全都请来了。在华丽的厅堂内摆放了100桌酒席，还在网球场和晒衣场的中间搭了一个舞台，将上海的名角都请来演出助兴。这次筵席一连开了三天，堂会唱了三天，可以说是出尽了风头。

紧接着，吴四宝的老婆过40岁的生日，他又利用这次机会大肆显摆了一番。他让他的门徒出面为师娘做寿，摆了几百桌宴席，持续了数天，排场比乔迁大典时更大。

黄金荣得知后,对他的弟子说:"这小子真不知天高地厚。看他这一副暴发户的嘴脸,持续不了几天的。"但这种话他只能偷偷地在家和他的弟子说说,而不敢明目张胆地说出来。因为他知道自己老了,已经不是昔日那个威风的巡捕房的督察长了。此时的吴四宝正是如日中天的时候,他没必要和他计较,自己还是忍一忍才有利。

但是,实际情况却不像黄金荣想的那样,很快,一件事就找上他了。

事情是这样的:在上海有个叫高青田的年轻武生,从小就学习京剧,《挑滑车》《长坂坡》《战宛城》《战马超》等是他最拿手的折子戏,在上海的京剧界很有名气。但他成名后,迷上了烟酒赌嫖,每次登台演出之前,都要抽饱大烟。所挣的钱全部花在买大烟上了,以至于后来竟然将戏服也拿去典当了。

戏院的老板范氏昆仲见此情景,认为他有损戏院的面子,就中途与他中断了合同,将他逐出了戏院。高青田对此怀恨在心,决心要找机会报仇。高青田没有了收入,烟瘾却越来越厉害,最后,他竟然吸起毒品海洛因来。

※ 位于福州路的丹桂第一台是当时上海较有影响的京戏演出场所。高青田经常在此演出。

就在他走投无路的时候，吴四宝出现了。高青田当即要拜吴四宝为老头子。吴四宝觉得收这样一个有名的武生做门徒，自己也很有面子，便同意了。同时，他还拿出一笔钱给高青云，让他必须将毒戒掉。高青云总还是有些志气，终于戒绝了毒瘾。

高青田有了吴四宝做靠山后，很快重新登上舞台，在上海京剧界称王称霸。他还自己组织了一个"麟社"，如果有哪一个同行不听他的话，他就利用吴四宝的势力对其威胁，很多出名的戏剧演员都吃尽了苦头。

东山再起的高青田始终没有忘记当年大舞台戏院老板范氏昆仲将他一脚踢出戏院的仇。但他知道范氏昆仲有黄金荣做靠山，因此不敢轻举妄动。于是，他找到吴四宝，添枝加叶地将他和范氏昆仲之间的仇恨哭诉了一番，希望老头子吴四宝可以帮他报仇。

吴四宝此时正想找机会在上海滩显示一下自己的威风，有了这个理由后，就拍拍胸脯说："你就放心吧，老子谁也不怕。管他身后的靠山是黄金荣还是黑金荣，我一定要给他点颜色看看，让他们知道我吴四宝的厉害！"

很快，吴四宝就派了10个小流氓，每人偷偷带了一把手枪，装作是看戏的观众，伺机在演出的时候闹事。正当戏演到高潮时，10个小流氓闹了起来。场内稽查赶紧跑过来干涉。一场争斗就这样发生了，打杀声、口哨声、哭爹喊娘声，接连不断，场内一片混乱，看戏的人吓得都逃走了。10个小流氓将稽查打得头破血流。他们看范氏昆仲没有出面，就索性闹到了办公室，将办公室里的所有东西都砸坏了，这才扬长而去。

范氏仲昆知道这些流氓来者不善，背后一定有靠山，自己肯定解决不了，他立即找到黄金荣，将事情告诉了黄金荣。平时这范氏昆仲非常孝敬黄金荣，现在应该是替他撑腰的时候了，但黄金荣知道就自己目前的势力是根本无法和势力正盛的吴四宝对抗的。一旦硬碰硬，自己占不到便宜不说，反而会吃亏。要想将这件事情处理好，还真不是一件容易的事。最后，他觉得，还是找一个中间人去劝说一下比较好。但是，找谁呢？现在还有谁能买他的面子呢？

就在黄金荣左右为难的时候，张啸林来找他了。当他和张啸林说起这件事时，张啸林提醒他道："杜月笙原来不是有个门徒在上海社会局任局长吗？叫汪曼云，吴四宝也比较尊敬他，还称呼他'汪先生'，我看找他去给说一下，应该不难。"经张啸林的提醒，黄金荣才一拍脑袋，说道："对啊，我怎么把他给忘记了呢？"

黄金荣立即给汪曼云打电话，请他出面摆平此事。

汪曼云是浙江绍兴人，从小在上海长大，20岁时到日本自费留学，回国后，成为杜月笙的门徒。因为他脑袋灵活，做事机灵，手段狡诈，在上海的社交界有一定的名气，可以说是上海滩一位"兜得转"的人物。

汪曼云接到黄金荣的电话后，认为吴四宝太过嚣张了，一般人的话是很难听进去的，于是，将这件事告诉了日本人河野。汪曼云认为日本人的话，吴四宝是不能不听的，所以他就想让河野去压制吴四宝。但河野听到这件事后，却说："这是你们中国人的事，还是你们自己解决吧，我们日本人是不会管的。"

没办法，汪曼云只好自己去找吴四宝面谈。虽然吴四宝无法无天，趾高气扬，但他对汪曼云还是比较客气的。最后，他提出了两个条件：

第一，范氏昆仲要砍断一条大腿，如果自己下不了手，他可以帮着找人。

第二，假如他不砍腿，就让他的老头子黄金荣带着他到"76号"，点上红蜡烛，向高青田磕三个响头，并拿出5万银元作为赔偿。

汪曼云看吴四宝提出的这两个条件如此苛刻，知道自己也解决不了，无奈之下，只好把吴四宝的这两个条件如实地告诉了黄金荣，并说自己也没有能力帮忙解决此事。

黄金荣听了，非常恼火，认为吴四宝简直就是流氓中的流氓，一点江湖道义都不讲，做事太不合"规矩"了，但是他有日本人给撑腰，自己根本奈何不了他。没办法，他再次找来张啸林商量此事，最后，他们决定，让范氏昆仲到外地暂避一下，以防不测，另外将戏院关门歇业。

范氏昆仲看老头子也不能为自己摆平此事，无奈之下，只好采纳黄金荣的建议。但是自己在外面老是躲避也不是办法，再一想，这几年戏院不但没有挣到钱，反而老受窝囊气，还不如将戏院盘掉，自己到外地生活。但是，在这兵荒马乱的年月，谁愿意盘下这个戏院呢？最后，他又想到自己的老头子黄金荣，便和黄金荣商量此事。黄金荣很清楚，要想盘下这个戏院，至少需要 200 根金条，他真是舍不得拿出这么多钱，但看在师徒一场的情分上，最后同意拿出 80 根金条。

范氏昆仲被逼无奈，只好按照这个价钱将戏院盘给了黄金荣。

黄金荣再一次占了便宜，经过这样一番折腾，大舞台戏院也加上了"荣记"两个字。吴四宝对此也无可奈何。

吴四宝恶人恶报，1942 年春天，这个无恶不作的汉奸突然死了，有人认为是日本人毒死的，也有人认为是李士群毒死的。

第十章
回光返照

>> 荣社与恒社，谁更高一筹

1944年6月，盟军在诺曼底登陆，开辟欧洲第二战场。1945年5月2日，在盟军和苏军的强大攻势下，德国法西斯被迫投降。5月8日，正式签署了无条件投降书，盟军在欧洲战场上取得了全面胜利。

在亚洲，随着德国的覆灭，日本也成为强弩之末。随着欧洲战场反法西斯战争的胜利，美国在太平洋战场的反攻也逐渐取得了主动权。1945年春，美军攻占硫磺岛。4月1日，美军在冲绳岛登陆，7月2日，冲绳之战结束，日军损失11万人。日本失去了掩护日本本土的最后一道屏障。从1944年中起，美国飞机连续对日本本土实施大规模空袭。1945年8月6日，美国空军突然在日本的广岛投下一颗原子弹。9日，又在长崎投下第二颗原子弹。8月8日，苏联对日宣战。8月14日，日本宣布无条件投降。自此，中国的抗日战争取得了最终的胜利。

9月4日，国民党第三战区司令长官顾祝同在上饶致电黄金荣，称："抗战虽获胜利，建设尚极艰巨，沪市恢复伊始，仍请协助维持地方秩序为荷。"

随着抗战的胜利，上海的各种势力都在摩拳擦掌，都想争夺最有利于

※ 何应钦（左）在南京代表中国政府接受侵华日军总司令小林浅三郎呈递降书。

自己的地位，当然也包括帮会在内。

上海滩三大亨之一杜月笙很快回到了上海，因为他是从战争后方来的，"坚决"主张抗日，因此身价倍增。随后，在大后方的恒社会员陆续回到了上海，并召开第四届社员大会，会员从战前的520人增加到910人，其中还有国民党的党政军警要员，杜月笙的势力更加壮大。

到这一年年底，杜月笙的恒社几乎控制了整个上海的政治和经济。杜月笙在这一年获得了各式头衔足有70多个，其中有董事长34个，理事长10个，董事9个，常务理事2个……

抗战胜利后举行了第一届市参议员选举，在181个议席中，杜门亲信就占据了50多个。

对于自己昔日门徒取得这样的地位，黄金荣当然眼红，于是，在弟子黄振世和邱子嘉的建议下，他决定将抗战时期停止活动的忠信社改名为荣社，采取公开形式办社，想和恒社一决高下。

忠信社是在1936年成立的，"忠信"二字来源于蒋介石为黄家花园所题的"文行忠信"匾额。忠信社成立的目的主要是和杜月笙的恒社相抗衡，以扩展黄门的势力。

忠信社成立后并没有举行正式的成立大会，会员入社也没有正式的手续，只要黄金荣和其亲信确定后，再口头通知，就可以成为会员。

忠信社的骨干也称委员，由黄金荣选定。社长由黄金荣担任，其委员主要有丁永昌、邱子嘉、黄振世等人。其办事处主要有钧培里和共舞台两处，平时，会议都在黄家花园举行，每周还有定期的聚餐会。

忠信社所开的会议内容主要就是商讨如何打垮恒社，黄金荣曾对其手下的几个亲信说："你们可以搜集一些关于杜月笙的确实材料，由我亲自向委员长告发。"但实际上，效果不是很明显。蒋介石对杜月笙比较信任，杜月笙又很有手腕为自己谋取势力，所以势力日渐扩大。于是，黄金荣在1936年秋，和杨虎创办的兴中社结成反杜同盟，前后举行了六七次会议。当时制定的策略主要是，首先拉拢恒社的活跃分子脱离恒社，制造杜门师徒之间的矛盾。但因为政治观点不同，以及日伪统治的白色恐怖，忠信社逐渐处于瘫痪状态，无形之中解体了。

而现在，看到恒社再次活跃起来，黄金荣也决定将停顿了8年的忠信社恢复活力。

黄金荣将弟子们召集在一起，商讨忠信社，也就是即将成立的荣社的发展大计。最后决定，将过去入帮时的一切烦琐的手续全部取消，革除门徒和门生的称呼和等级，只要是自愿加入荣社的，交纳费用，办理入社手续后，就可以成为荣社的会员。荣社的社址选在法租界公董局买办赵振声的家中。

在荣社成立一个月前，黄金荣便发出通知说，凡是黄门的人，不论是门徒还是门生，在荣社成立之日，都必须到黄家花园集合。

1946年6月23日下午，黄家花园热闹非凡，3500多人齐聚一堂，荣社在这里召开了成立大会。

黄金荣精心打扮了一番，穿着一件长袍马褂，在两个女佣的搀扶下，站在门口迎接前来观礼的要人。等被邀请的人全部到齐后，主持人杭石君将所来嘉宾一一介绍后，便大声宣布："荣社正式成立了！"

紧接着，名律师史湘泽和江苏省苏锡行政专署署长徐荣达宣读了荣社的"社词"：

社组织为了便于集中领导管理，避免良莠不分，鱼目混杂，特此设法重新改组，整顿过去混乱现状，并删除以往入门的繁文缛节和陈陋旧习。沪宁线各地均设有荣社联络点，如当地人士自愿参加荣社组织者，可在当地荣社办理入社手续。凡是加入荣社组织者，必须遵守组织一切条文，不得有所违反。否则开除出社……

之后，黄金荣发表祝词，他说：

今天荣社成立，大家聚集一堂，欢欢喜喜，我很高兴，今后大家更要团结……今天荣社成立后，凡是门下弟子，除遵守过去的家法外，还要遵守荣社所规定的规则，如有违背者，一经查证属实，定要按规则处理，绝不宽恕。

在成立大会上，黄振世代表黄金荣诵读了荣社组织名单、荣社简章和荣社誓词。

荣社的社长由黄金荣担任，邱子嘉、黄振世、陈培德、杭石君、丁永昌五人为常务理事，姚松如、吴玉荪、龚天健等15人担任理事，还有杨春华、张志渚、陈菊生等5人担任监事。理事会下设秘书处，秘书处中又设总务、财务、福利、组织、交际、文化等股。

荣社的简章为：

> 以利用业余时间，提倡正当娱乐联络感情，研究学术增进知识，共谋社会福利合作事业为宗旨。

荣社的誓词为：

> 尊奉总理遗嘱，信仰本党主义，遵守本党纪律及本社社章，绝不自私自利，绝不以个人好恶感或意气用事，如有违背，愿受最严厉之处分。

为了庆祝荣社的成立，这天晚上还特意准备了宴席聚餐，聚餐后是演出堂会。因为人多，堂会分别在黄家花园和共舞台两处演出，杜月笙和杨虎等人以嘉宾的身份参加了大会的成立和聚餐活动。

恒社和荣社成立后，杜月笙和黄金荣的一些有势力的门生也各自组成了新的小团体。比如渔业银行老板黄振世组织了"振社"，法租界花捐班班长金九龄组织了"春社"，老北门鸿运楼酒菜馆老板周一星组织了"星社"，等等。就这样，社中有社，互相倚靠，形成了强大的流氓帮会势力圈。

聚餐是荣社活动最频繁的活动之一，此外还有团拜会，一般在每年的正月初六、清明节、七月十五、十月初一等举行，地点就选在永嘉路淡井庙，参加的人都要付费，实际上，活动只用去了一半的费用，剩下的全部都流入了黄金荣的私人腰包。

　　荣社成立后,除了举行这些固定的聚餐等活动外,不如恒社活跃。此时黄金荣已年近八十,对政治的热情远远不如杜月笙,另外,黄门重要弟子有很多自己的帮会团体,他们将大部分精力都用在了发展自己的团体中,而剩下的人办社的能力很低。荣社仍旧是一个封建帮会组织,但到1947年,已经发展到几千人,遍及全国的军政工商农矿文化各界,远远超过了恒社。虽然会员的能力、层次不如恒社,但依旧是一支左右上海滩的巨大势力。

※ 上海青帮的势力已发展为具有空前庞大的社会势力。图为杜月笙入祠仪仗队之一，由闸北保卫团组成。

>> 八十大寿，最后的荣光

祝寿是帮会首领相互吹捧和搜刮钱财的良机。1947 年 8 月 30 日，杜月笙六十大寿。虽然黄金荣和杜月笙之间存在很深的矛盾，但在表面上，两人还是比较友好的，也互相帮衬。所以黄金荣在名义上参加了庆祝杜月笙大寿的筹备委员会。8 月 29 日，黄金荣等 200 多人在顾嘉堂寓所为杜月笙举行了"暖寿",第二天,大寿活动在丽都花园举行。

随之而来的就是黄金荣的八十大寿,这件事成为上海乃至全中国黑社会势力的一次大检阅。

其实,黄金荣本来是想在自己的八十大寿时,好好地铺张一番。但他突然接到了蒋介石准备来上海的消息。这下子,黄金荣为难了,他不禁想起抗战胜利时蒋介石接见他的情景。

当时,因为抗战胜利,上海各界准备举行一个庆祝大会。会议由重庆飞来的钱大钧主持,并在市政府会议厅招待嘉宾,晚上又在华懋饭店举行鸡尾酒会。上海的一些重量级人物几乎都到场了,黄金荣当然也接到了请柬,不料,杜月笙却派人带来口信说,如果黄金荣因年高体弱,可以不用出席。他觉得这是杜月笙故意不让他出席庆祝大会。之后,他又听说蒋介石来到了上海,但已经3天了也没有接见他。他内心惶恐不安,总算在第四天的时候,收到了蒋介石的请柬,他急忙剃头、沐浴,戴着蒋介石当年送给他的那只金挂表到市政府去拜见蒋介石。

身穿绿色军服、胸前挂满勋章、腰佩长剑的蒋介石刚一走进会场,第一个就和黄金荣握手了。这让黄金荣受宠若惊,老泪横流。大家坐好后,蒋介石作了一番训话,之后,又招呼黄金荣坐在自己的身边,看着他胸前的挂表,称赞黄金荣在八年抗战中,洁身自好,是"四·一二"的功臣之一,更是上海头号大亨和帮会的魁首,并暗示他在以后的日子里,要组织帮会势力,维护地方治安,为"内战"贡献自己的一份力量。

当黄金荣受到蒋介石的接见以及赞赏后,再次抖擞精神,便成立了荣社,并自任社长。

现在,蒋介石又要亲自来上海参加自己的祝寿活动。他想:假如自己举办宴会却不邀请这么重要的宾客,一定会得罪他;但如果邀请他前来,在"内战"吃紧,上海已经乱作一团时,自己却如此铺张浪费,寻欢作乐,他一定会十分反感的。

想到这些,黄金荣才决定这次的八十大寿要从简。他对黄振世说:"今年流年不利,国民党军在前面老是打败仗,共产党闹得阿元(蒋介石)焦头烂额。如果我在上海摆阔气,铺张浪费,传到他的耳朵很不好。还是简单点吧,就在玉佛寺摆些素菜席算了。"

所以,在大寿举行前,荣社在《申报》上刊登了这样的启事:

> 国历十二月十二日暨农历十一月朔日为黄理事长金荣老先生八秩寿辰。先生行侠好义,功在社会,亮节高风,望重当时,同人等共沐熏陶,时承謦欬。届兹华诞应晋桃觞而先生夙抱悲悯之怀,谢绝台莱之颂,坚以民生凋敝,举步艰难,力戒铺张……凡与先生交好欢迎参加,增辉盛会。

※ 上海玉佛寺今貌

但有一点黄金荣要求手下必须办到，那就是请杜月笙来主持寿仪，这样才能抬高自己的地位。

黄振世得到命令后，认为像以前那样的张灯结彩唱堂会是不可以了，于是，他找到龚天健、杭石君等人商量了一番。黄振世为总务，众人分别行动，邀请杜月笙和杨虎共同主持庆典仪式，并联系玉佛寺。

各界领袖得知黄金荣的八十大寿的消息后，也纷纷写联送匾，对其大加颂扬。在上海报纸上刊登了《黄锦镛先生八秩寿序》，历数黄金荣的种种"德行"，还称黄金荣为"今之德星""中国在野之巨人也"。最后署名的有于右任、白崇禧、何应钦等众多军政文化要人。

淞沪警备司令宣铁吾以及刘绍基、李济深等人也送了匾额。

号称"三太史"的张元济、高振霄和钱崇威都写了贺词，其中，张元济的贺词是：

天宝定尔，以莫不兴，如山如草，如冈如陵，如川之方至，以莫不增，如月之恒，如日之升，如南山之寿，不骞不崩，如松柏之茂，无尔或承。

此外，由黄金荣出资成立的金英小学还特地排演恭祝校主八秩的诞寿歌。

12月12日，即农历十一月初一，平时香烟缭绕、清静宁谧的玉佛寺出奇的热闹，这一天，正是黄金荣在此做寿的大喜日子。寺庙的正中挂着寿联，上联是"金玉满堂，天赐百福"，下联是"荣华富贵，仁者万寿"，将金荣二字嵌入联中。

上午8点半，正在上海执行"限价政策""打老虎"的经济管制督导员蒋经国代表父亲前来祝寿；紧接着，上海市长吴国桢、社会局长吴开先

※ 蒋经国

※ 孔祥熙

※ 李济深

等市府各局局长也来寺贺寿，行礼后被杜月笙和杨虎请到斋堂入座。

没多久，曾担任财政部部长、现任行政院长的孔祥熙也前来祝寿，杜月笙看到后，立即将他带到方丈房间，之后两个人到玉佛楼聊了一会儿。孔祥熙对杜月笙说："现在，黄老先生已经是八十高龄了，风烛残年，而你却风华正茂，大有作为。以后，上海方面还需要你多多协助啊！"杜月笙听后高兴地说："月笙愿为党国效犬马之劳。"之后，孔祥熙在杜月笙的陪同下，向黄金荣拜了寿，之后匆匆离开。

中午11点，国民党元老李济深也来了。寒暄过后，程锡文给他端来了素斋面。李济深吃完，便大骂蒋介石。但他操着一口广西口音，黄金荣没听懂他说了些什么。后来，杨虎小声地将李济深的意思翻译给了黄金荣听。李济深主要的意思是说，蒋介石忘恩负义，打下了天下，就背叛了孙中山先生，现在还派人去捉拿他，太不讲义气了，对这样的人，他坚决不买账。而现在他又把张啸林也当做了眼中钉。

黄金荣听到这里，感觉很奇怪，便和杨虎、李济深到方丈室后面的打坐面壁小间里密谈了起来。

最后，李济深告诉黄金荣，这次前来，一是向黄金荣祝寿，二是向他告别，他要到香港去了。三人从房间出来后，还特意在弥陀殿前合影留念。而这一切都被在场的杜月笙看在眼里，还将此事告诉了蒋经国，蒋经国当天夜里就离开了上海，回到南京。

这一天的祝寿高潮就此结束了。

12月15日，祝寿活动已经持续了3天，黄金荣突然收到了蒋介石的秘书陈布雷的电话，说蒋介石在第二天会到达上海，并准备到黄家花园来给他拜寿。黄金荣听后欣喜若狂，立即吩咐道："赶紧去漕河泾。"

程锡文、鲁锦臣等人立即赶到漕河泾黄家花园，吩咐手下将黄家花园打扫得干干净净，还将蒋介石亲笔题赠的"文行忠信"的匾额高挂在四教厅的正中。黄金荣特意在宁帮菜馆定了两桌酒席，准备好好款待自己这个得意门生。

黄金荣的门徒陶雪生听说后，立即自告奋勇，将漕河泾的地方自卫团调到黄家公园担任警卫，花园内外都有站岗的人。

但是到了深夜，黄金荣却怎么也睡不着，一方面他为蒋介石能来给他祝寿而兴奋，另一方面他也有一种危机感，他想到在祝寿的当天，他和正在被蒋介石通缉的李济深密谈、合影留念时，被杜月笙和蒋经国看到了。如果杜月笙趁机将这件事告发上去，那他在蒋介石面前真是无地自容。想到这些，黄金荣更是辗转难眠。

第二天早上，黄家花园岗哨森严，警卫全副武装，荷枪实弹，足有500人。黄金荣又吩咐自己的100多个得力门徒在花园里来回巡逻，但不能让贵宾看到他们的踪影。

整个上午，黄家花园上上下下的人都在等待着，黄金荣因为年纪大了，有好几次回房抽大烟提神。到下午的时候，大家都认为这位宾客不会来了，不免埋怨起来。但此时，黄金荣忽然接到电话，说蒋介石在半个小时之内就会到达，让他做好接待和保卫的准备。

黄金荣立即将口令传下去，顿时人人精神抖擞。一切布置好后，黄金荣带上金怀表，带着杭石君、程锡文和龚天健等人在花园门口恭候。

终于，在5点多的时候，三辆黑色小轿车缓缓地开到了黄家花园门口，后面还跟着一辆大卡车。警卫打开车门，黄金荣立即迎了上去。蒋介石身穿蓝袍黑褂，头戴深灰色的铜盆帽，看到黄金荣过来后，立即握手还礼。黄金荣看到蒋介石的笑容后，才知道他不是来问罪，而是专程来给他拜寿的，心中悬着的石头终于落下了。

黄金荣带着一行人来到四教厅。一进大厅，蒋介石就拱手对黄金荣说："初一那天，没到玉佛寺拜寿，因为那里人太多，有些不便，另外公务也比较繁忙，还望见谅。"

说完，蒋介石便亲手去搬一张红木大椅，卫队长看到后立即伸手接过去。蒋介石让黄金荣坐下，然后从另一张椅子上拿下一个金丝寿字软垫放在地上，准备行大礼，说："今天，我特地来给先生拜寿。"说完后，后退两步，到软垫前，双手一拱。黄金荣见后，连连拒绝。但蒋介石已经跪下磕了一个头，黄金荣立即将他从地上拉起来。

旁边的人见到了，也都非常吃惊，没想到堂堂的大总统会给已经退隐的大亨行如此大礼，黄金荣非常感动，眼泪都流出来了。蒋介石起来后握着他的手说："不瞒先生说，前线情况吃紧，我还有公务在身，马上就要走了，请多多保重，以后有机会再聚吧。"

黄金荣立即说："总统日理万机，为我们日夜操劳，难得来看我，我感激不尽，我已经备好了酒宴，还是吃完再走吧。"

蒋介石并没有理会，从警卫手中接过铜盆帽，转身朝外走去。

黄金荣见蒋介石诚心诚意来拜访，茶没喝上一口，酒也没喝上一杯，

第十章 / 回光返照

就走了,既感到失望,又十分歉疚。他跟在身后,将蒋介石送到了大门口。

蒋介石说了一句"请留步",便进入轿车,一溜烟地走了。黄金荣看着车队越走越远,呆呆地站在那里,喃喃自语:"蒋总统真是大仁大义,我能受到他这样的尊重,是一生的荣幸啊!"

>> 给杜月笙点颜色

1948年,随着战场的扩大,人民解放战争的快速发展,国民党在军事上的败局已定,政治上危机四起,财政上也出现了全面崩溃。物资储备已经告罄,但法币的发行量却没有减少。到1948年8月,法币的总发行量达到了600多亿美元,甚至出现了500元的大钞。由此引发了一场严重的通货膨胀。当时一石大米卖到5833万元,一张大饼需要3万元,百元大钞根本什么都买不到,只能当手纸使用,就连乞丐也不收千元以下的钞票。

法币的信誉一落千丈,没有人再相信法币了。这使得上海金钱黑市买

※ 当时的法币一捆大约也就只值几十元钱。

卖越来越猖獗，成立不久的国民党上海金融管理局为了整顿经济秩序，决定对非法交易活动，特别是非法套汇活动进行严厉打击。

当时，要想从事套汇活动，必须有私营的电台与香港联系，互通行情，然后再决定下一步的行动。如果将这些私营的电台查封，就可以将套汇的耳目一网打尽，投机商就会失去信息，套汇活动也就无法进行了。

于是，金融管理局和警察局首先查封这些私营电台，同时，他们暗中让自己的属下"源通行"设立了两部电台，然后向市场抛售了200两黄金做诱饵，对外宣称那些有钱人一定要购买一种名叫"源通行"的纸券才能兑换黄金，这样，他们就将香港的套汇电讯情况全部掌握了。通过对这些电讯的详细分析之后，金融管理局终于取得了一定的成效，有40多家商行被封闭，所有的账册都被冻结了。

这一措施使得大多数投机商行深感不安，但是，也有人从这件事中获取了一定的好处。

有一个姓姜的人出资兴建了一个姜源泰久贸易行，主要做黄鼠狼皮的出口贸易，此人在国内外都非常出名，手中攥有大量套购来的外汇。

一天，他手下的一个日本籍会计和老板发生了争吵，结果一气之下，这个会计将内幕告诉了警察。警察局立即将姜源泰久贸易行的全部套汇暗中的账目都查获了。这个姓姜的慌了手脚，怕被抓起来当做重点打击对象，便赶紧带着10根金条找到了黄金荣。于是，黄金荣出面，让他主动交出10万美金，再处3万美金的法币罚款，这件事就算了结了。

其实，像这种一面打击、一面又不断说情的事情非常常见，所以，这次被打击的基本上都是那些势力比较小的投机商，而那些高官以及家属却什么事都没有。这场轰轰烈烈的打击黑市的交易活动，到最后判刑的只有三个人。

但是，1948年夏天时，法币继续贬值，物价涨得惊人，人民解放军节节胜利,蒋介石看到这种情况后,当然非常焦虑。

当时,国统区的物价主要是根据上海的行情变化。于是,蒋介石想利用人力将物价压下去。这时,他想起了上海的黄金荣和杜月笙。他先后几次给两人发电报,请他们帮忙想办法。80多岁的黄金荣已经很久没有接触社会了,对情况几乎不怎么了解,但杜月笙很清楚,自己也不会有什么行之有效的办法,上海的物价已经不是人为可以控制得了的了。

但是,总统既然开口了,黄金荣根本不可能拒绝。为了能在总统面前好好表现一把,他邀请杜月笙找到一批经济专家和一些权威人士,对市场进行了一番调查研究,最后,大家的一致结论是,只有向市场抛售一定数量的物资,使法币大量回笼,才能有效控制物价。黄金荣和杜月笙听到这个建议后非常高兴,正好这时孔祥熙来到上海,两人便将这个建议向孔祥熙汇报了,孔祥熙也大大称赞这个方法的确不错。

蒋介石得到报告后,因为没有其他办法可行,便接受了这个方案。最后下令收回游资的几项紧急措施,其中最主要的是抛售几个所谓的国营企业的股票和国库券,同时还有接收的敌伪物资和美援物资。

但是,这个措施刚刚执行,所抛出的物资就被抢购一空。购买的人主要是从南京赶来的商人,他们很早就得到了消息,而上海本地人则根本没有机会去购买。大量物资被抛售后,南京政府手中的东西即将被抛空了,但物价仍旧在上涨,上海的游资更加雄厚。蒋介石以及上海大亨们都没有预料到会出现这样的情况。无奈之下,蒋介石又采取了一招。

1948年8月19日,为挽救严重的财政金融危机,南京政府下发一道"财政经济紧急处分令",实行所谓的币制改革,发行金圆券,将民间所藏的金银外币乃至珠宝首饰强令其交出,换取金圆券。

在金圆券发行的前几天,蒋介石特意请杜月笙到南京,希望他支持币制改革。从南京回来的杜月笙受到万人拥戴,更加趾高气扬了,根本不把黄金荣放在眼里,因此他也就没有将国民党的经济政策告诉黄金荣。黄金荣非常气愤,他认为在蒋介石的眼中,自己已经没有杜月笙有地位了。而且,杜月笙是自己一手提拔起来的,现在他的翅膀硬了,看不起他了。

蒋介石的这个措施还是没有奏效,在金圆券发行的第三天,物价便像乘着火箭似的猛涨起来。

无奈之下,蒋介石只好派俞鸿钧和自己的儿子蒋经国到上海坐镇,执行紧急政策。

※ 年轻的蒋经国办事大刀阔斧,但不够深思熟虑。

俞鸿钧为经济专员,但他知道上海的经济已经无法挽救,因此不愿管事,凡事都派手下代理。蒋经国虽然为经济副专员,但他极力想表现自己,声称要打"几只大老虎",他召集了一批信仰"三民主义"的热血青年,建立了一支"上海青年服务总队",专门在上海收集那些违抗命令的情报,严厉打击投机倒把的不法分子。

蒋经国来到上海后,黄金荣认为报仇的机会来了,他已经掌握了杜月笙暗中策动徒众抢购物资的消息。杜月笙从南京回来后,就立即指使自己的儿子杜维屏暗中抢购囤积物资,套购黄金美钞,变身为上海滩上的一只"恶虎"。

如果能将蒋经国请来,就可以趁机告杜月笙一状,解解自己的闷气了。于是,他决定邀请蒋经国来荣社出席宴会。他备好请帖,让黄振世亲自给送去,蒋经国答应第二天赴宴。但是,到了第二天,蒋经国却称自己太忙了,而请吴绍澍、蒋恒祥两人为代表。这样，黄金荣就没有办法揭发杜月笙了。

就这样，他们的计划破产了。但黄金荣并没有灰心，他认为，蒋经国既然答应能来，就是友好的表示。晚上，他躺在烟榻上抽着大烟，突然，他脑筋一转，想出一个主意，将黄振世找来，对他说："让大少奶奶去请他适当，大少奶奶的交际手腕高，小蒋先生一定会来的。"

黄振世点点头出去了，将这件事告诉了李志清。

第二天，李志清亲自电邀蒋经国来黄家赴宴，蒋经国果然如约而至。

所有一切都由李志清安排接待。蒋经国在席间首先表示了自己"打虎"的决心，并向李志清打听上海交易所内投机倒把的情况。李志清乘机说："交易所是杜家爷叔负责的，由他的三公子维屏少爷亲手管理，我的儿子想申请个执照当经纪人，还要花10根大条子，后来向杜家爷叔再三求情，还是花了5根大条子，他才答应。"

蒋经国早就想拿几个上海滩有名的人物开刀，以推行经济管理。他回到督导专署后，立即派亲信暗中调查杜维屏投机倒把的事情。

杜维屏因为有父亲做靠山，根本没有想到蒋经国会将他作为调查的对象，所以依旧肆无忌惮地进行投机倒把活动。有一次，他在交易所外抛售了永安纱厂800多股股票，结果，被蒋经国以"连续非法交易，进行投机倒把"的罪名而拘捕。

杜月笙得知消息后，十分焦急，但他不动声色。他知道现在正处在风口浪尖上，如果去说情只会碰钉子，应该寻找合适的机会出手。他一方面积极活动，派其手下抢购东西，制造混乱；另一方面则搜集蒋氏的亲属在上海囤积居奇的证据。

终于，杜月笙掌握了一手的证据。一天，蒋经国将各行业的巨头召到一起准备开会，他发表完讲话后，杜月笙不紧不慢地站起来说："我杜月笙的儿子违反国家的规定，扰乱市场，是我管教不严，的确该逮捕他，依法惩办。但是有人报告说,扬子公司囤积的货物是上海滩最多的,蒋副专员是不是应该去扬子公司查看一下呢?"

蒋经国知道杜月笙的用意,扬子公司是孔祥熙的儿子孔令侃开的,他知道公司的情况,但碍于宋美龄的面子,就一直没有动它,现在杜月笙已经在"逼"他了,他不得不依法办理了。

1948年10月1日,经济警察在扬子公司搜出了大量囤积的货物,蒋经国下令将这家公司查封了。

孔令侃立即给宋美龄打电话,在宋美龄的干涉下,蒋介石很快来到上海,给蒋经国一顿训斥后,扬子公司恢复运营。蒋经国的"打虎"闹剧就此谢幕了,金圆券币制改革彻底失败。1948年11月1日,蒋经国不情愿地离开了上海,到南方执行其他任务去了。

在法院的判决下,杜维屏被判监禁8个月,杜月笙不服,提起上诉,最后,法院改判6个月,并同意以罚款了事。后来,潘公展又把杜家的这个公子保释出来了。

这次,杜月笙终于受到了一次小小的惩罚,黄金荣很得意,但他知道

※ 孔家第二代与宋美龄合影,右一为孔令侃。

这主要是大少奶奶的功劳，而他在上海滩已经不会再有什么作为了。

>> 唯一的亲人也离开了他

1949年4月初，解放战争的形势迅速发展，国民党政权的垮台指日可待。10日，蒋介石在复兴岛接见了杜月笙，让其适时离开上海。虽然蒋家王朝即将覆灭，但杜月笙也不敢背叛蒋介石，他知道共产党政权不会饶了他这个手上沾满共产党人鲜血的流氓，于是打算离开上海。

4月21日，中国人民解放军强渡长江，两天之后，南京解放，国民党政府的老巢被捣毁了。此时，陈毅率领的第三野战军在丹阳正准备进驻上海。

看到这种情景，杜月笙知道，自己必须走了，但他没有选择跟随蒋介石到台湾，而是要去香港。在临走之前，他来到黄公馆，向黄金荣辞行，并劝他也离开上海到香港去。

黄金荣心想，我对共产党也有过帮助，共产党不会把我怎么样的。于是，他对杜月笙说："当初日本人攻打上海，我没有走，他们没有动我一根毫毛。而现在，随便他们把我怎么样我都不怕了，本来我就没几天活了。我已经80多岁了，连上楼梯的劲儿都没有了，去香港倒不要紧，就怕在半路上生了急病，岂不死在半途了！与其这样，还不如安葬在上海黄家祠堂。"

4月27日，杜月笙包了一艘荷兰轮船，去了香港。

杜月笙走了，金廷荪也走了。黄金荣坐在黄公馆里，长长地叹了一口气。此时，他想到杨虎对他说过的一番话："你不要怕，共产党的领袖知道你，他们说，只要你以后跟共产党走，他们可以既往不咎。你还怕什么呢？"黄金荣明白，这只是表面上的话，但他听了还是舒服很多。

后来，章士钊的夫人也曾给黄金荣带来共产党方面的口信：

只要在解放后拥护共产党，不再与人民为敌，我们一定能按"既往不咎"的政策办事，希望你能留在上海，不要轻举妄动。

既然不走了，要和人民政府站在一起，黄金荣就要有所表示，于是，他开始积极地活动起来。

第一，他不再参与国民党覆灭前的大搜捕和大屠杀，掩护了一些地下党，并进而支持他们接管上海。

第二，他将手中所掌握的国民党的一切财产做成报表，通过杨虎全部交给了共产党的地下工作者。

第三，命令门生收集帮会头目的情报，最后将400多名洪帮头目的名单整理出来，交给了地下党。

他一再告诫他的门徒不要帮助国民党分子逃离前在上海进行的大屠杀，要掩护地下党出城，这样也为自己留一条后路。

他还让门徒将黄家花园四教厅中蒋介石所题写的"文行忠信"的匾额摘下来砸毁了，以表明他对共产党的绝对忠心。

最后，就是自己的家事了，黄金荣一生也没有一个自己亲生的孩子，他和林桂生结婚后，因为没有生育，发迹后便领养了一个儿子，叫黄均培，小名叫福宝。林桂生对他格外宠爱，自幼雇专佣服侍，长大后也有专仆随身照顾。但有一次，黄均培和别人打架，受了内伤，没多久就开始吐血，从此卧床不起。林桂生无奈之下，想出了"娶媳冲喜"的办法。

黄均培的媳妇叫李志清，是青帮"大"字辈李阿三的女儿，此女面貌秀美，精明强干，嫁到黄家时只有17岁。但是，他们结婚没有一个月，黄均培便一命呜呼了，只剩下李志清独守空房。之后她就一直待在黄家，在林桂生被抛弃、露兰春离婚以后，她逐渐取得了黄金荣的绝对信任，并掌握了黄公馆的财政大权。

黄金荣和露兰春结婚后，也曾领养了一个儿子，取名为黄沅涛，小名连弟。后来，他成为"大世界"的负责人，18岁时，和一个名叫沈静华的女子结了婚，生有一子二女。

黄金荣还有一个养子叫麦正学，小名根弟。李志清对他十分不满，因此黄金荣没有正式将他收养为儿子。但他还是让麦正学在大戏院干活，对他也不错。

李志清也领养了三个孩子，即儿子黄起予和黄起明，还有一个女儿，乳名叫囡囡。

这就是黄金荣的家庭成员，没有一个和他有血缘关系。

杜月笙走后，黄金荣和李志清两个人曾谈到了他的为人和举动，在黄金荣的眼中，杜月笙胆大心细，表面上非常大度，但实际上一点亏都不肯吃。

李志清趁机劝说公公，一定要做好两面准备，不能全信一方面，这样才不会吃亏。

其实，在黄金荣的内心，早就做好了打算。他是一个非常爱财的人，如果要将他一辈子挣来的钱都交给共产党政府，他说什么也不愿意。最后，他和李志清商量后，决定让李志清带着他的所有财产逃走。

当时，黄金荣的确舍不得这唯一的亲人离开他，他对李志清说："我没有亲生儿女，只有你在黄家待了这么多年，比我的亲生儿女还亲。你婆婆走了，露兰春又私奔了，全公馆就只剩下你了。你服侍了我几十年，我也把一切都交给你。你就是我最可靠的亲人。"

李志清听了这番话，立即跪在地上，不知该说什么好，只是重复着"公公，对不起……"这样的话。

黄金荣唯一的亲人即将远离自己而去，同时也将带走他一生的积蓄。他颤巍巍地扶起儿媳妇，一面小心地叮嘱：将财产留一小半，其余的都带走；先去香港，然后再看风头。

黄金荣将部分财产换成了黄金、美钞，并告诉李志清，到香港后要购买房屋。同时他还让李志清将他拍的标准照片带走，替他申请台湾的入境证，以备万一。这就是这位大亨脚踏两只船的一贯伎俩。

李志清准备好行装，买了船票，带着养子和养女，将黄金荣的全部金银细软、钻石珠宝都带走，离开上海去了香港。

之后，黄金荣便静静地等待着共产党的不可逆转地到来了。

>> 死在新中国

客观上来讲，黄金荣留在上海后，对稳定其门生的情绪，对上海社会秩序的安定，还是起到了一定的作用。

1949年5月27日，人民解放军进入上海，上海解放。人民从此主宰了自己的命运，上海再也不是官僚和资本家的天堂了。但是，潜伏下来的国民党特务、帮会流氓等依旧在寻找机会捣乱。在新中国成立后的二十几天内，就发生了50多起重大的抢劫案，一些流氓，包括黄金荣的部分门徒在内，企图用实际行动告诉共产党，上海依旧是流氓帮会的乐园。

上海军方考虑到帮会的势力和黄金荣的实际情况，决定采取"继续作恶者从严，将功赎罪者从宽"的政策，要分别对待，更好地瓦解、消灭帮会的残余势力，对黄金荣也给予了宽大政策。

经过商议，人民政府决定派人去和黄金荣讲明政策，也就是，只要不干涉政府的行政事务，不包庇徒子徒孙地痞流氓，不破坏社会治安，人民政府可以对他宽大处理。

1949年夏，上海市副市长潘汉年亲自指派杜宣作为军管代表，负责向黄金荣进行训话。

黄金荣接到军管的电话后，连忙做好准备，将大门早早地就打开了，

※ 潘汉年（1906—1977），新中国成立后，潘汉年担任上海市常务副市长等职。

二三十个门徒全部剃成光头，上身穿中式白色短褂，下身穿黑色灯笼裤，脚上穿黑布鞋，分站在两边。杜宣带着十几个全副武装的解放军一到，黄金荣便立即出来迎接。看到荷枪实弹的解放军，黄金荣以为是来逮捕他的，吓得浑身哆嗦。杜宣等人来到大厅后，向黄金荣再次重申了政府对他的政策。黄金荣知道他们不是来抓他的，一块石头总算落了地。他对杜宣说："我黄金荣在上海滩，几十年来，做尽坏事，贩卖毒品，拐卖人口，杀人绑票都做过，但贵军没有杀我，是贵军的宽大……"

之后，黄金荣从怀中摸出蒋介石送给他的那块金怀表，呈给杜宣，让其代为上缴政府。

杜宣说："我今天是代表上海军管会来的，我们的政府是人民的政府，一切都是从人民的利益出发的。对你的情况，我们人民政府很熟悉，过去你对人民犯了大罪，现在必须老实，服从人民政府管教，不能乱说乱动。你还要对你所有的门徒严加管教，不能让他们进行破坏活动。"

之后，杜宣告诉黄金荣，潘汉年在市政府工作会议上对他的评价是：黄金荣是反动统治时期帝国主义的走狗，他的门徒在上海干了许多坏事，但是，上海解放后，他没有逃走，也就是说他对祖国还是有感情的，对我们至少不抱敌意。他声称不问外事，那很好，我们不必要把"专政对象"加在他头上，只要他表示态度就行了。

黄金荣听到潘汉年对他的这番评价后，非常感动，也从内心佩服共产党人的器量和胸怀。

1950年1月，为了表示对人民政府的拥护，黄金荣购买了5万元的国家公债。

自从儿媳妇李志清将他的全部家带卷走后,他手头开始拮据,收入也越来越少了,但家里每月的开支却很大,逐渐入不敷出了。这时,他想起自己还有一笔旧账没有讨回来,如果将这笔账要回来,就可以应付一阵子。

原来,当年他和杨虎、程子卿等私下做军火生意。有一次,他们将一批军火卖给了商人刘裕章,但他当时没有付款,现在刘裕章就在香港。于是,黄金荣派程锡文到香港去讨要这笔钱。

1950年2月,程锡文到香港讨债,他找到杜月笙,希望能帮忙追讨债务,没想到却在那里碰了个软钉子。

"我没有钱,你去找大少奶奶要,她阔得很!"

程锡文只好返回上海,将情况告诉了黄金荣。黄金荣立即叫秘书写了一封信,让程锡文拿着,第二次再到香港。信的内容是:

现在派程锡文来港,关于追还刘裕章10万元欠款,务必请你协助解决为荷。

程锡文带着黄金荣的信第二次在香港找到杜月笙。期间,黄金荣又给他发了几封加急电报,希望杜月笙能帮忙追还欠款。杜月笙没有办法,只好让管家万墨林给黄金荣汇了5万元,这件事才算了结。

1950年年底开始,中国展开了声势浩大的镇压反革命运动,这一运动受到人民的热烈支持和拥护。多年来受到黄金荣等人欺压的群众开始纷纷起来控诉其罪行。大世界游乐场的员工们给报社写了一封控诉信:

※ 1950年,杜月笙和孟小冬摄于香港。

黄金荣在本市恶势力的雄厚以及他的名声与地位无人不知，至于他的为人，是以媚上欺下称长，假仁假义假慈悲是他的作风，唯利是图而不择手段是他的本性。多年来，他主使他的心腹榨取我们的血汗剥削我们的自由，并用种种手段威胁我们不许声张，我们实在被压得透不过气来……

连自己控制下的产业员工都群起反抗，黄金荣的日子越来越不好过了。

1951年3月，上海市公安局接到报告说，黄公馆内藏有枪支，是黄金荣的养子黄沅涛的。4月13日，公安局数十名警察对黄公馆展开了搜查，结果查出10支枪，以及各种子弹300多发。

黄公馆被搜查后，黄金荣的门徒再也没有过去那种趾高气扬的样子了，开始俯首敛迹。不久，政府派人对黄金荣说："考虑到你已经80多岁了，不再需要多干些什么了。但在身体条件可能的情况下，希望早晨到'大世界'的门口去扫扫马路。"

黄金荣接到这个训令后，非常不满，但现在已经容不得他反对了。他只好提着扫帚出现在"大世界"的门口。上海报纸的记者还将他扫大街的照片刊登在了报纸上。

远在香港的杜月笙看到后，感慨万千，庆幸自己没有留在上海。但没多久，也就是1951年8月16日，杜月笙就在香港坚尼地公寓18号的杜公馆里病逝了，时年63岁。

杜月笙的几个老婆将他剩下的25万元遗产全部瓜分了，之后和他的弟子将他的遗体运到了台湾，葬在台北南郊的一座山上。黄金荣在报纸上看到杜月笙死亡的消息后，想到自己和他之间的恩恩怨怨，更是感慨万分。

对黄金荣如何处理，上海市人民政府曾做过慎重的研究，指出：

※ 晚年的黄金荣在扫大街。

> 对此上海头号流氓之处理,为照顾策略,宜以削弱其实力,分化瓦解其组织为主,于其本人拟继续饬写自白书公诸报端,由人民裁制。

研究后,市政府有关人员亲自向黄金荣宣布对他的宽大政策,但要写"悔过书"公开登报,进一步向人民交代,进一步低头认罪。

黄金荣回去后,立即口述悔过书,由秘书龚天健执笔,之后整理成文。黄金荣对此事很重视,经过了几次修改后,才在末尾哆哆嗦嗦地签上了自己的名字。1951年5月20日,黄金荣的自白书在上海《文汇报》和《新闻报》上发表了。

《黄金荣自白书》在报纸上发表后,立即引起了强烈的反响,这个近百年来一直是统治阶级拉拢收买对象的帮派势力终于在人民面前低头了。但是,一些清楚黄金荣底细的人对此并不满足,在他们看来,黄金荣的罪行远不止这些,不能这样轻描淡写就算了。

1951年5月中旬，在舟山同乡会会长陈翊庭的陪同下，黄金荣亲自将第二份"自述悔过书"交到了外滩中央银行大楼上海市军事管制委员会，军管会首长粟裕、副市长盛丕华接见了他。

黄金荣的自白书刊登后第九天，杀害汪寿华的刽子手叶焯山就被抓了起来，被法院判处死刑。7月26日，黄金荣的弟子、汉奸卢英被枪决，28日，黄金荣的另外两个徒弟张春帆、马祥生和叶焯山一起被枪决。

黄金荣听到这些消息后，更加恐慌了，他担心自己也有一天被抓，被枪决，到后来，整天提心吊胆，以至于根本无法睡觉了。在巨大的压力下，他的精神状态越来越不好了。

心里恐慌，加上年纪太大，终于有一天，黄金荣病倒了。他不让家人送他去医院，只希望自己能在有着他的大部分荣耀和成就的钧培里度过他最后的日子。

1953年6月20日下午，黄金荣停止了呼吸。这一年，他86岁。

黄金荣死后，其亲友徒众举行了简单的葬礼。当天，有人在复兴公园——这个曾经挂着"中国人不得入内"、"戴口罩的狗可以入内"园规的顾家宅公园后门的一块黑板上，写下了"黄金荣死了"五个雄劲的大字。或许这是上海滩的公众媒体上，唯一能看到的关于黄金荣死讯的讣告了。

黄金荣是上海滩三大亨之一，他发迹最早，死得最晚。他的死在三大亨中应该说是最幸运的了：张啸林的死是罪有应得，杜月笙的魂灵飘落异乡，而黄金荣死在了自己的家里。

从某种角度上说，黄金荣是中国半殖民地半封建的土壤中滋生出的"第一帮主"。他的死，意味着一个以帮会横行为主要特征的黑暗时代的彻底终结。

附：黄金荣自白书

我小时候，在私塾读书，十七岁到城隍庙姊夫开的裱画店里学生意，二十岁满师，在南门城内一家裱画店做生意，五年后考进前法租界巡捕房做包打听。那时候，觉得做裱画司务没出息，做包打听有出息。现在想来，做包打听，成为我罪恶生活的开始。

我被派到大自鸣钟巡捕房做事，那年我二十六岁，后升探长，到五十岁时升督察长，六十岁退休，这长长的三十四年，我是一直在执行法帝国主义的命令，成为法帝国主义的工具，来统治压迫人民。譬如说卖烟土，开设赌台，危害了多少人民，而我不去设法阻止，反而从中取利，实在不应该。

蒋介石是虞洽卿介绍给我认识的。国民党北伐军到了上海。有一天，张啸林来看我，他们发起组织共进会，因为我是法租界捕房的督察长，叫我参加，我也就参加了。就此犯了一桩历史上的大罪恶，说起来，真有无限的悔恨！后来法租界巡捕房的头脑费沃利，命令禁止共进会在法租界活动，一方面张啸林要借共进会名义，发展他们的帮会势力，所以对我不满意，我因为职务上的关系，就和他们闹意见，从此与张啸林避不见面，不久，我就辞去法巡捕房职务，退休在漕河泾了。我在法巡捕房许多年，当然有

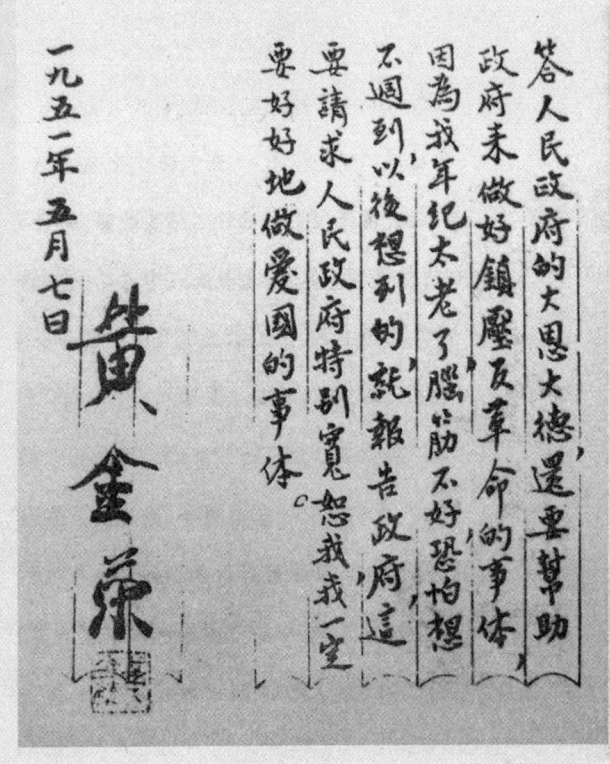

※ 黄金荣自白书手稿（局部）

些势力，有许多人拜我做先生，我也收了很多门徒，门徒又收门徒，人多品杂，就发生了在社会上横行霸道、欺压善良的行为。我年纪大了，照顾不到，但无论如何，我是应该负放纵之责的，因而对于人民我是有罪的。

新中国成立以后，我看到共产党样样都好，人民政府是真正为人民的政府。几十年来，帝国主义军阀官僚国民党反动派盘踞下的上海，整个变了样子。政府里根绝了贪污，社会上也没有敲竹杠仗势欺人的事情。我今年八十四岁，已经二十多年不问世事了，但经过了这个翻天覆地的变化，看到了伟大人民的力量，再检讨自己六十岁以前的一切行为，感到非常痛苦。一方面我对于人民政府对我的宽大，表示深切的惭愧和感谢，一方面我愿向人民坦白悔过，恳切检讨我的历史错误，请求允许我立功赎罪。

※ 文汇报刊载黄金荣自白书资料图片

　　我坚决拥护人民政府和共产党，对于政府的一切政策法令，我一定切实遵行。现在，正是严厉镇压反革命的时候，凡是我所能知道的门徒，或和我有关系的人，过去曾经参加反革命活动或做过坏事的，都应当立即向政府自首坦白，痛切承认自己的错误，请求政府和人民饶恕；凡是我的门徒或和我有关系的人，发现你们亲友中有反革命分子要立即向政府检举，切勿循情。从今以后，我们应当站在人民政府一边，也就是站在人民一边，洗清各人自己历史上的污点，重新做人，各务正业，从事生产，不要再过以前游手好闲，拉台子，吃讲茶乃至鱼肉人民的罪恶生活。这样，政府可能不咎既往，给我们宽大，否则我们自绝于人民，与人民为敌，那受到最严厉的惩罚，是应该的了。

现在,幸蒙共产党的宽大为怀,使我有重新做人的机会,在毛主席旗帜下,学习革命思想,彻底铲除帝国主义的封建思想意识,誓再不被反动派利用,决心学习自我批评及自我检讨,从今以后,愿为人民服务。

最后,我谨向上海市人民政府和上海人民立誓,我因为年纪大了(今年八十四岁),有许多事,已经记忆不清,话也许说得不适当,但是我的懊悔惭愧与感激的心,是真诚的!是绝不虚伪的。

黄金荣

公元一九五一年五月